黄金有價書無價

時勢遷流我不流

历史的经验

（增订本）——南怀瑾 讲述

人民东方出版传媒

东方出版社

图书在版编目(CIP)数据

历史的经验/南怀瑾讲述.—增订本.—北京:东方出版社,2022.1

ISBN 978-7-5207-1148-7

Ⅰ.①历… Ⅱ.①南… Ⅲ.①谋略-中国-古代 Ⅳ.①C934

中国版本图书馆 CIP 数据核字(2019)第 185325 号

历史的经验(增订本)

南怀瑾 讲述

责任编辑: 王夕月 张莉娟

出 版:东方出版社

发 行:人民东方出版传媒有限公司

地 址:北京市东城区朝阳门内大街 166 号

邮 编:100010

印 刷:北京明恒达印务有限公司

版 次:2022 年 1 月第 1 版

印 次:2022 年 10 月第 3 次印刷

开 本:650 毫米×960 毫米 1/16

印 张:16

字 数:173 千字

书 号:ISBN 978-7-5207-1148-7

定 价:42.00 元

发行电话:(010)85924663 85924644 85924641

编者的话

　　南怀瑾先生是享誉国内外，特别是华人读者中的文化大师、国学大家。先生出身于世代书香门第，自幼饱读诗书，遍览经史子集，为其终身学业打下了扎实的基础；而其一生从军、执教、经商、游历、考察、讲学的人生经历又是不可复制的特殊经验，使得先生对国学钻研精深，体认深刻，于中华传统文化之儒、道、佛皆有造诣，更兼通诸子百家、诗词曲赋、天文历法、医学养生等等，对西方文化亦有深刻体认，在中西文化界均为人敬重，堪称"一代宗师"。书剑飘零大半生后，先生终于寻根问源回到故土，建立学堂，亲自讲解传授，为弘扬、传承和复兴民族文化精华和人文精神不遗余力，其情可感，其心可佩。

　　一九七五年春夏间，南怀瑾先生在台湾应邀讲"历史的经验"，其陆续发表的讲稿引起众多读者的强烈兴趣，于是，在十年后的一九八五年，台湾老古文化事业公司终于将发表的讲稿集结出版，这便是本书最初的由来。时光不停流逝，历史不断累积，经验也需时常总结。二〇〇三年南先生关于纪录片《去大后方》拍摄前的谈话，命名为《对日抗战的点点滴滴》，增补于书后，是为增订本。

　　南先生讲历史的经验，以人们工作、业务的需要为出发点，结合自身阅历和当今人事，将众多历史故事，铺注于原经文之后，经史相参，为世人创业待人、立身行世提供借镜。

在书中，南先生先引赵蕤《长短经》，讲述仁爱、仗义、讲礼、乐乐、名器、法制、刑赏、学识、尚贤等的流弊，由历史上的实例，说明正反相生的道理，证明天地间的人情、事理、物象不是固定不变的，更讲透了人生舞台所上演的循环往复的因果。又加以刘向《战国策》、桓范《世要论》等经典，由苏秦、张仪的故事分析人才与世局的关系；以"六正"（即圣臣、大臣、忠臣、智臣、贞臣、直臣）来讲为臣之道；借"七恕"（为人君的七种恕臣之道）来讲为君之道；举反派六臣（具臣、谀臣、奸臣、谗臣、贼臣、亡国之臣）来讲防邪之道；最后列举众多史事讲忠奸之辨，说透了君臣关系和君臣相待的道理。

南先生坦言，从应用的立场来讲"历史的经验"，实际上就是讲"谋略"，而谋略是把双刃剑，它本身没有善恶，却是与人俱来，用得好能救人，用不好则害人。若无深厚的道德做基石，谋略终究会损人害己。因此在讲解中，南先生并不止于就事论事，而始终重在经义的阐发，强调做人、做事的大原则，强调中国传统文化中君道、臣道、师道的精神，强调人生的因果，以期在分享古人智慧的同时，引人向善。读者若能因时顺易，以出尘的胸襟做入世的事业，则为此书的大功德。

最后，不得不重提南怀瑾先生保卫中国传统文化的深心。中国传统文化博大精深，非仅限于儒释道，本书取自外学，篇幅虽小，却为读者提供了了解和观察传统文化的另一种视野。

我社与南怀瑾先生结缘于太湖大学堂。出于对中华优秀传

统文化的共同认识和传扬中华文明的强烈社会责任感、紧迫
感，承蒙南怀瑾先生及其后人的信任和厚爱，独家授权，我社
遵南师遗愿，陆续推出南怀瑾先生作品的简体字版，其中既包
括世有公论的著述，更有令人期待的新说。对已在大陆出版过
的简体字版作品，我们亦进行重新审阅和校订，以求还原作品
原貌。作为一代国学宗师，南怀瑾先生"通古今之变，成一
家之言"，毕生致力于民族振兴和改善社会人心。我社深感于
南先生的大爱之心，谨遵学术文化"百花齐放，百家争鸣"
之原则，牢记出版人的立场和使命，尽力将大师思想和著述如
实呈现读者。其妙法得失，还望读者自己领会。

东方出版社

二〇二一年十二月

目　　录

出版说明

　　《历史的经验》这本书，已出版三十年了，它的背后还有一些曲折的故事和变化，可能鲜为人知。

　　南师怀瑾先生在一九七五年，受邀对一个文史团体"恒庐"，随兴讲了一些历史上的人事变迁和因果转化。当时是由蔡策先生以中文速记做的记录。但直到十年后的一九八五年，才略加整理出版，名为《历史的经验（一）》。本书出版后一个月，南师就应邀离台赴美了。

　　由于这本书出版后，广受欢迎，读者纷纷询问盼望第二本出版，于是匆忙中又出版了《历史的经验（二）》。可叹的是，书中的内容是根据一位冯君的粗简手记，并非蔡氏的记录，所以问世后，遭到许多质疑。南师在美国得知后，即嘱令收回停版。所以《历史的经验》只有一本，没有了"（二）"。

　　九十年代初，曾有大陆资深媒体人批评，认为南师门下学子，对文字似嫌粗糙，南师还亲自致函道歉，由我送达。

　　十年后的一九九六年，记得是由对古典经文有修养的闫修篆学长，将这本书再加修订，作为二版印行。至今二十年又过去了。

　　此次与东方出版社编辑部同步，在简体字和繁体字两方面，对书中的人、事、年代等，重加检校，以酬读者们的爱护与支持。

最后要说的是：这是一本好书，讲经典，也讲故事，轻松易读。

刘雨虹　记
二〇一五年冬月

校订版说明

这本书是在十年前出版的，三年前又授权在大陆印行简体字版，出书后广受读者欢迎，得到很大的回响。

后有北京陈四益先生，为文指出本书中有关《晏子论权》一节，讲解似有偏差之处，南师怀瑾先生获悉后，除立即致函陈君，感谢其热心纠正外，并立嘱编辑部重新校订全书，修正疏失。为此也要向读者致歉。

开始参加这次校订工作的人，有阎修篆、周勋男、吴琼恩及杜忠诰等诸先生。但最后独挑大梁者，却是杜忠诰先生一人了。

杜先生是在大学时代由《论语别裁》一书，开始与南师结缘的，后也曾从学南师。大学毕业后国外国内硕士而后博士，致力传统文化艺术，孜孜不倦，成就斐然。近年来曾多次获文艺奖，更为台湾著名书法家。此次在百忙中担负校订工作，盛情可感。

在新版印行之际，略述大概经过，并向参与过校订工作的诸位先生致谢。

刘雨虹　记

一九九五年十一月台北

前　言

　　历史本来就是人和事经验的记录，换言之，把历代人和事的经验记录下来，就成为历史。读历史有两个方向：

　　一是站在后世——另一个时代，另一种社会型态，另一种生活方式，从自我的主观习惯出发，而又自称是客观的观点去看历史，然后再整理那一个历史时代的人事——政治、经济、社会、教育、军事、文学、艺术等等，从各个不同的角度去评论它、歌颂它或讥刺它。这种研究，尽管说是客观的批判，其实，始终是有主观的成见，但不能说不是历史。

　　二是从历史的人事活动中，撷取教训，学习古人做人临事的经验，作为自己的参考，甚之，藉以效法它、模仿它。中国自宋代开始，极有名的一部历史巨著，便是司马光先生的《资治通鉴》。顾名思义，司马先生重辑编著这一部史书的方向，其重点是正面针对皇帝们——领导人和领导班子们作政治教育必修的参考书的。所谓"资治"的涵义，是比较谦虚客气的用词。资，是资助——帮助的意思。治，便是政治。合起来讲，就是拿古代历史兴衰成败的资料，帮助你走上贤良政治、清明政治的一部历史经验。因此，平常对朋友们谈笑，你最喜欢读《资治通鉴》意欲何为？你想做一个好皇帝，或是做一个顶天立地的大臣和名臣吗？当然，笑话归笑话，事实上，《资治通鉴》就是这样一部历史的书。

我讲历史的经验，时在一九七五年春夏之间，在一个偶然的机会，一时兴之所至，信口开河，毫无目的，也无次序地信手拈来，随便和"恒庐"的一班有兴趣的朋友谈谈。既不从学术立场来讨论历史，更无所谓学问。等于古老农业社会三家村里的落第秀才，潦倒穷酸的老学究，在瓜棚豆架下，开讲《三国演义》《封神榜》等小说，赢得大众化的会心思忖而已。不料因此而引起许多读者的兴趣，促成老古文化出版公司搜集已经发表过的一部分讲稿，编排付印，反而觉得有欺世盗名的罪过。因此，联想到顾祖禹的一首诗说："重瞳帐下已知名，隆准军中亦漫行。半世行藏都是错，如何坛上会谈兵。"我当忏悔。

一九八五年端阳　南怀瑾自述

话　题

　　"历史的经验"这个题目，是贵会负责人出的，大得无可比拟。若想要就这个题目研究，同时可走几种路线：一个是应用的方面，怎样用得上历史的经验。一个是纯粹的推论，研究学理的一方面，这是历史学家的事。现在大学中的历史系、历史研究所，大概向这一方面走，偏重研究学理，不大讲应用。我们在这里所讲的性质，是要偏重于讲应用的。

　　历史的经验，如果我们以逻辑的立场来看，这个题目的本身就是答案，因为历史的本身就是经验。如果我们以学术的观点看历史，所谓历史，全部不过是两个问题：一个人的问题，一个事的问题。历史的记载，不外人与事。从人的方面来讲，大概又分两个方向来立论，拿旧的观念说：一个是经，一个是权。经是大原则，不能变动，权又叫作权变，就是运用的方法。从事的方面来讲，中国文化绵绵流长，已经上下五千年了，所看到的事，似乎有现代与古代的不同，假使我们对历史有真的了解，就没有什么不同了。"风月无今古，情怀自浅深。"宇宙没有什么过去、现在、未来的太多不同，它永远是这样的太阳、这样的月亮、这样的风、这样的雨，只是人的思想观念上感受不同，发生了情感、思想上不同的形态，我们中国人用文学的表达，就成了这样的诗句。古人主张多读书，就是在于吸收历史上许多经验。

今日我们讲"历史的经验"这个课程，应该向哪一方面讲？这就要先有一个立场了。应该先问问我们今日工作上、业务上需要的是什么？就在这个观点去找历史的经验，这是一个立场。假如我们是在大学里，从学术的立场去看历史的经验，又是另外一个讲法。因此，今日我们以应用的立场来讲历史的经验就相当地复杂了。当商量决定这个题目的时候，我觉得好玩，就一口答应下来。我有一大毛病，到老改不了"童心未泯"，始终贪玩。等到真正临讲以前，一个星期以来心情非常沉重，因为没有东西可讲；这是一个创新的课程，国内外各大学，还没有这样一门课程，无成规可循。其次包括的资料太多，假使编一本书，一定很有趣，编得现代化一点，销路一定不坏。但没有这个准备和时间，它的范围牵涉到二十五史内外许多学问，什么都用得上，这是第一个精神上感到负担很重的地方。其次站在这个立场来讲这个题目，责任上有一个很重的负担，这里要讲的"历史的经验"，实际上就是讲"谋略"，看到现在学校里专讲"谋略学"的，我觉得很有趣的，七十二变、三十六计都拿出来了，还有人专门写这类的书。但我觉得讲"谋略学"必须要严格地负责，因为"谋略"是一把刀，它的本身没有善恶，用得好是救人的，用不好，的确是害人的。我们受旧文化的影响很深，因果的观念根深柢固，去不了的。假使有人听了以后，用来做了一件好事，或者害了别人，自己好像就会背上很大的因果责任，良心上很难受，所以觉得负担很重。

神谋鬼谋

真讲"谋略学",要先有几个方面的认识,以前讲《论语》时曾提到过,中国文化大致分为君道、臣道和师道。君道是领导的哲学与艺术;臣道也包括了领导的艺术,不过,比较有承上接下的哲学与艺术;至于师道又另当别论。可是说到师道,我们中国文化历史上有句成语,在《曾子》这本书中,曾经提出一个原则:"用师者王,用友者霸,用徒者亡。"我们的历史经验,"用师者王"像周武王用姜太公,称之为尚父,这称呼在古代是很尊重的,当然不是现代所说干爹的意思,但非常非常尊重,是对尊长一辈的人,才能称呼的。历史上列举汤用伊尹,周文王用吕望(姜太公),都是用师,就是领导人非常谦虚,找一个"师"来"用",便"王天下"成大功。至于齐桓公用管仲,汉高祖用陈平、张良之流,刘备用诸葛亮等等,都是"用友者霸"的好例子。至于"用徒者亡",是指专用服从的、听命的、乖乖的人,那是必然会失败的。这是曾子体察古今的历史经验,而后据以说明历史兴衰成败的大原则,由此可知师道也很难讲。

春秋多权谋

那么我们对于谋略学，该怎样讲法？走什么样的路线呢？我们先看谋略的本身。讲到"谋略"两个字，大体上大家很容易了解。假使研究中国文化，古代的书上有几个名词要注意的，如纵横之术、钩距之术、长短之术，都是谋略的别名。古代用谋略的人称谋士或策士，专门出计策，就是拿出办法来。而纵横也好，钩距也好，长短也好，策士也好，谋略也好，统统都属于阴谋之术，以前有人所说的什么"阴谋""阳谋"，并不相干，反正都是谋略，不要把古代阴谋的阴，和"阴险"相联起来，它的内涵，不完全是这个意思。所谓阴的，是静的，暗的，出之于无形的，看不见的。记载这些谋略方面最多的，是些什么书呢？实际上《春秋左传》就是很好的谋略书，不过它的性质不同。所以我们要研究这一方面的东西，尤其是和现代国际问题有关的，就该把《战国策》《左传》《史记》这几本书读通了，将观念变成现代化，自然就懂得了。现在再告诉大家一个捷路：把司马迁所著《史记》的每一篇后面的结论，就是"太史公曰"如何如何的，把它集中下来，这其间就有很多谋略的大原则，不过他并不完全偏重于谋略，同时还注意到君子之道，就是做人的基本原则。

研究这几本书的谋略，其中有个区别。像《战国策》这本书是汉代刘向著的，他集中了当时以及古代关于谋略方面的东西，性质完全偏重于谋略，可以说完全是记载智谋权术之学的。这本书经过几千年的抄写刻板，有许多字句遗漏了，同时其中有许多是当时的方言，所以这本书的古文比较难读懂。左丘明著的《左传》，如果从谋略的观点看这本书，它的性质又不同，定有个主旨——以道德仁义作标准，违反了这个标准的都被刷下去，事实上对历史的评断也被刷下去了。所以虽然是一本谋略的书，但比较注重于经——大原则。至于《史记》这一本书，包括的内容就多了。譬如我们手里这本《素书》中，就有一个很好的资料——《留侯世家》，就是张良的传记，我想大家一定读过的，这是司马迁在《史记》上为张良所写的传记。如果仔细研究这一篇传记，就可自这一篇当中，了解到谋略的大原则，以及张良做人、做事的大原则，包括了君道、臣道与师道的精神。

正反相生

（《长短经·反经第十三》）

　　《反经》在领导哲学的思想上很重要，我们看过去很多的著作，乃至近七八十年来的著作，都不大作正面的写法。所以，我们今日，对于一些反面的东西，不能不注意。

　　《反经》的"反"字，意思就是说，天地间的事情，都是相对的，没有绝对的。没有绝对的善，也没有绝对的恶；没有绝对的是，也没有绝对非。这个原理，在中国文化中，过去大家都避免谈，大部分人都没有去研究它。这种思想源流，在我们中国文化里很早就有，是根据《易经》来的，《易经》的八卦，大家都晓得，如"☷"是坤卦，它代表宇宙大现象的大地，"☰"乾卦，它代表宇宙大现象的天体，两个卦重起来，"䷋"为天地"否"卦，否是坏的意思，倒楣了是否，又有所谓"否极泰来"，倒楣极点，就又转好了。但是，如果我们倒过来看这个卦，就不是"䷋"这个现象，而变成了"䷊"地天"泰"卦，就是好的意思。《易经》对于这样的卦就叫作综卦，也就是反对卦，每一个卦，都有正对反对的卦象（其实《易经》的"变"是不止这一个法则，这都叫卦变）。

　　这就说明天地间的人情、事情、物象，没有一个绝对固定不变的。在我的立场看，大家是这样一个镜头，在大家的方向看，我这里又是另外一个镜头。因宇宙间的万事万物，随时随地都在变，立场不同，观念就两样。因此，有正面一定有反面，有好必然有坏。归纳起来，有阴就一定有阳，有阳一定有阴。阴与阳在哪里？当阴的时候，阳的成分一定含在阴的当中；当阳的时候，阴的成分也一定含在阳的里面。当我们做一件事情，好的时候，坏的因素已经种因在好的里面。譬如一个人春风得意，得意就忘形，失败的种子已经开始种下去了；当一个人失败时，所谓失败是成功之母，未来新的成功种子，已经在失败中萌芽了，重要的在于能不能把握住成败的时间机会与空间形势。

我们在说《反经》之前，提起卦象，是说明人类文化在最原始的时代，还没有文字的发明，就有这些图像、重叠的图案。这种图案就已经告诉了我们这样一个原理：宇宙间的事没有绝对的，而且根据时间、空间换位，随时都在变，都在反对，只是我们的古人，对于反面的东西不大肯讲，少数智慧高的人都知而不言。只有老子提出来："祸兮福之所倚，福兮祸之所伏。"福祸没有绝对的，这虽然是中国文化一个很高深的慧学修养，但也导致中华民族一个很坏的结果（这也是正反的相对）。因为把人生的道理彻底看通，也就不想动了。所以我提醒一些年轻人对于《易经》、唯识学这些东西不要深入。我告诉他们，学通了这些东西，对于人生就不要看了。万一要学，只可学成半吊子，千万不要学通，学到半吊子的程度，那就趣味无穷，而且觉得自己很伟大，自以为懂得很多。如果学通了，就没有味道了。（一笑）所以学《易经》还是不学通的好，学通了等于废人，一件事情还没有动就知道了结果，还干嘛去做！譬如预先知道下楼可能跌一跤，那下这个楼就太没道理了。《易经》上对人生宇宙，只用四个现象概括：吉、凶、悔、吝，没有第五个。吉是好，凶是坏，悔是半坏、不太坏、倒楣，吝是闭塞、阻碍、走不通。《周易·系传》有句话："吉凶悔吝，生乎动者也。"告诉我们上自天文，下至地理，中通人事的道理尽在其中了。人生只有吉凶两个原则。悔吝是偏于凶的。那么吉凶哪里来？事情的好坏哪里来？由行动当中来的，不动当然没有好坏，在动的当中，好的成分有四分之一，坏的成分有四分之三，逃不出这个规则，如乡下人的老话，盖房子三年忙，请客一天忙，讨个老婆一辈子忙，任何一动，好的成分只有一点点。

这些原理知道了，反经的道理就大概可以知道。可是中国过去的读书人，对于《反经》的道理是避而不讲的。我们当年受教育，这种书是不准看的，连《战国策》都不准多读，小说更不准看，认为读这方面的书会学坏了。如果有人看《孙子兵法》《三国演义》，大人们会认为这孩子大概想造反，因此纵横家所著的书，一般人更不敢多看。但从另一观点来说，一个人应该让他把道理搞通，以后反而不会做坏人，而会做好人，因为道理通了以后，他会知道，做坏的结果，痛苦的成分占四分之三，做好的，结果麻烦的成分少，计算下来，还是为善最划算。

其次所谓"反"，是任何一件事，没有绝对的好坏，因此看历史，看政治制度，看时代的变化，没有什么绝对的好坏。就是我们拟一个办法，处理一个案件，拿出一个法规来，针对目前的毛病，是绝对的好。但经过几年，甚至经过几个月以后，就变成了坏的。所以真正懂了其中道理，知道了宇宙万事万物都在变，第一等人晓得要变了，把住机先而领导变；第二等人变来了跟着变；第三等人变都变过了，他还在那里骂变，其实已经变过去了，而他被时代遗弃而去了。《反经》的原则就在这里。

古今无定法

现在看《长短经·反经》的本文，举了很多历史的例子：

> 臣闻三代之亡，非法亡也，御法者非其人矣。故知法
> 也者，先王之陈迹，苟非其人，道不虚行。故《尹文子》
> 曰：仁、义、礼、乐、名、法、刑、赏。此八者，五帝三
> 王治世之术。

这是大原则，这里列举中国上古三代的亡去，这个亡不要
一定看成亡国的亡，时代过去了，没有了，都称亡，如昨天已
经过去了，用古文可写成"昨日亡矣"。这里的写法，不能认
为昨天亡掉了，亡者无也，是过去了，没有了的意思。所以三
代的成为过去，并不是因为政治上法治有什么不好而亡的。而
是说不管走法家的路线、儒家的路线或道家的路线，一切历史
的创造在于人，如现在讲民主，民主是很好，但统御这个民主
制度的，还是在于人，如果人不对，民主制度也会被用坏了。
专制也是一个政治制度，是一个"法"，法本身没有好坏，统
御法的人，领导的人不对，就会弄坏。所以从这里的论断来
说，民主也好，法治也好，专制也好，独裁也好，这些都是历
史文化的陈迹，都成了过去，实际上做坏做好，还是要靠人。

　　仁、义、礼、乐、名、刑、赏、罚，是中国文化所处处标榜的，可是在反经的纵横家看来，儒家所讲的"仁义"，道家所讲的"道德"这些名称，都不过是政治的一种措施、一种方法而已，他们认为儒家、道家标榜这些，是好玩的，可笑的，这不过是一种政治方法，有什么好标榜的！

仁爱的流弊

故仁者，所以博施于物，亦所以生偏私。——反仁也。议曰：在礼，家施不及国，大夫不收公利。孔子曰：天子爱天下，诸侯爱境内，不得过所爱者，恶私惠也。故知偏私之仁，王者恶之也。

譬如仁就是爱，普遍地爱大家，当然是好事。可是爱的反面，就有私心，有爱就有偏私，这里并举出，中国古代的礼乐制度，是文化的原则。但家与国是要分开的，所给某一家的义务不能普及到全国，给某一家的鼓励，也不能普及于全国。在位服务公家的人，虽然为官大夫，但对公家的公名公利，绝不能归于己有。如宋史上有名的宰相王旦，他提拔了很多人，可是当面总是教训人，等他死了以后，大家才知道自己曾经被他提拔过。当时寇准曾经问他，为什么提拔了而不让人知道？王旦说，他提拔人，只是为国家遴选人才，何必让被提拔的人来感谢他私人，所谓"授爵公朝，感恩私室"的事不干，这是大夫不收公利的例子。

接着又举孔子的话："天子爱天下，诸侯爱境内……"仁爱有一定的范围，超过了范围，就变成私了，如果有偏心，他对我好，我就对他仁爱，这是不可以的，只要偏重仁爱，偏私就会来。自古庸主败亡者多仁慈而不智，项羽、梁武帝等人，其例甚多。

仗义的流弊

> 义者，所以立节行，亦所以成华伪。——反义也。议曰：亡身殉国，临大节而不可夺，此正义也。若赵之虞卿，弃相捐君，以周魏齐之危。信陵无忌，窃符矫命，以赴平原之急。背公死党之义成，守职奉上之节废，故毛公数无忌曰：于赵则有功矣，于魏则未为得。凡此之类，皆华伪者。

义气与大义

义有正反面，如对朋友讲义气，讲了的话，一定做到，言而有信，对朋友有义，这个节操品行很好，但是处理不当，相反的一面，就有大害了。而且变成"华伪"，表面上很漂亮，实际上是假的，这就是反义。从历史的经验来说，义的正面是国家有困难，社会有困难，为了救社会，为了救国家，为了帮助很多的人，把自己的生命都牺牲掉，在最要紧的地方，绝不投降，绝不屈服，这才是正义，在义的正的一面，便是大义。

可是历史上有许多事情，看起来是讲义，实际上都错了。

如战国时候，赵国宰相虞卿的故事（在《战国策》，或《史记·虞卿列传》里都有记载）。虞卿这个人了不起，他曾著了一部书——《虞氏春秋》，比吕不韦著的《吕氏春秋》还要早一点——他是一个知识分子，平民出身，游说诸侯，得到赵王的信任当辅相，而在当时国际之间，那么紊乱的情形，他起码比现在的基辛格更高明。这个人非常讲义气，他已经当了赵国平原君极为信任的辅相，而他的朋友，魏国的公子魏齐，在魏国出了事情被通缉了，逃到赵国来找他。按当时的魏赵之间的关系，赵国应该把魏齐送回魏国去的。可是虞卿是赵国的辅相，魏齐以当年未发达时的私人朋友身份去找他，如果站在法制的立场，虞卿应该把这件事报告赵王，把魏齐引渡到魏国去。而虞卿认为如果这样做太不够义气了。魏齐是自己年轻未发达时的好朋友，今天他在魏国政治上遇到这样大的困难，偷偷来投奔，如果把他送回魏国，就太不够义气，因此"弃相捐君"，连宰相都不当了，偷偷离开了赵王，带魏齐一起跑了。这件历史上的故事，从做人方面来讲是难能可贵的，这是讲义气，但对公的大义而言，这种义气是不对的。

信陵君的故事

第二件故事，在《古文观止》上就有编载。战国时代魏公子信陵君，是战国时的四大公子之一，和齐国的孟尝君，赵国的平原君，楚国的春申君先后齐名，都争相养士。信陵君名无忌，和赵国的平原君是好朋友，平原君有了急难，非要魏国出兵，可是魏王不答应，于是找信陵君，信陵君就把魏王发兵的印信偷出来——由魏王宠爱的妃子帮忙，把印信偷出来，发令出动自己家的三军，帮忙赵国打垮了敌人。这件事在信陵君来说，对赵国的平原君是够义气了，但到底兵符是偷来的，并不是国家元首发布的命令，也是不对的。

　　所以对这两件事的结论是"背公死党之义成，守职奉上之节废"。以历史上这两个大名人的故事来讲义，他们违背了大义。为朋友可以卖命，犯法就犯法，为朋友是真的尽心尽力了，这种私人的义气是够，但是这两个人可不能只讲私人的义气，因为他们是有公家职务的人，这样做违背了职务的守则，是对上不忠实。"守职奉上"之节也是义，所以从这两件事上来讲，他们实在有亏职守。因此毛公（赵国隐士）就批评信陵君，这样做，对于赵国虽然有功，而对于他自己的魏国来说，就并不算是合理了。凡这一类的历史故事，把义做得过头，反过来了，就容易变成虚伪，都是为了私心而用手段的。

讲礼的流弊

礼者，所以行谨敬，亦所以生惰慢。——反礼也。议曰：汉时欲定礼。文帝曰：繁礼饰貌，无益于礼，躬化为可耳，故罢之。郭嘉谓曹公曰：绍繁礼多仪，公体任自然，此道胜者也。夫节苦难贞，故生惰慢也。

汉文帝反对繁文缛节

中国文化最喜欢讲礼，礼也包括了一切制度。有礼、有规矩，在公家或私人的行为上，是比较好。但是相反的，制度、规矩，行久了，太多了，会出大毛病，会使人偷懒、逃避。和法令一样，立法太繁，就有空隙可钻了。在这一节中提出反面的历史事例。汉高祖统一天下以后，除由叔孙通建立了政治制度以外，由春秋战国下来，经过秦始皇到汉代为止，中国文化又被拦腰斩了一刀，没有好好地建立。叔孙通替汉高祖建立的是政治制度，没有建立文化制度。所以现在讲到中国的学术思想，都讲"汉学"。"汉学"也称作"经学"，像四书、五经等等，都是在秦始皇的时候，没有被烧光的，由没有被杀的读书人找出来、背出来的，在汉时重新建立的。我们现在看到的四书、五经以及《老子》《庄子》等等古书，认真考证起来，有的地方是有问题，不一定和当时的原书完全一样，在汉代重新建立时，有的还是难免背错了，所以最初文化没有建立根基。到了汉文帝的时候，学者们建议定礼，可是汉文帝反对。后来到汉武帝的时候，才建立以儒家思想为基础的中国文化系统。当时汉文帝和他的母亲，是崇拜道家老子思想的，那个时候的政治哲学，是主张政简刑清，完全是老子思想，尽量地简化，不主张繁琐，这是有名的所谓"文景之治"。到了汉文帝的孙子——汉武帝的时候，才主张用儒家，兼用法家的思想，所以在中国的文化历史上，严格地看"文景之治"这一段，比较空白，但也比较朴素。汉文帝当时反对定礼，所持的理由是，儒家的礼太繁了，我们读《礼记》就知道，他的说法不无道理，所以墨子也早已反对，还有很多学者和墨子一样都反对繁文缛节，孔子、孟子的思想，对于过分的礼也是不太赞成。照《礼记》的规矩，真是繁琐得很。我们现在这样站，这样坐都不对的，讲话、走路、站、坐、穿衣，生活上一点一滴，都要小心谨慎，所以说是繁礼，麻烦得很，讨厌得很，专门讲外表，笑都不能哈哈大笑，不能露齿，那多痛苦！汉文帝认为这并不是礼的真正精神，不必定那么多条文，大家只要以身作则来教化，就可以了，所以下令不谈这个问题。

郭嘉论袁绍与曹操

另外一个故事，是用曹操的例子。郭嘉是曹操初期最好的参谋长，头脑并不亚于诸葛亮，可惜年轻就死了。当时曹操想打垮袁绍很困难，袁绍当时是世家公子，部队也多，等于军政大权都掌握在袁绍手里。曹操力量薄弱，简直不能和袁绍比。可是当曹操和郭嘉讨论当时的战略时，郭嘉对曹操说，不必担心袁绍。袁绍一定会失败的，因为袁绍是公子少爷，世家公子出身，处处讲规矩，到处要摆个架子。而你曹操，不讲究这些，体任自然，出来就出来了，该怎么做就怎么做，这就会成功。而袁绍处处来个礼仪规矩，文化包袱太重了，摆不掉，一定失败。你的体任自然的直截了当作风，大家都愿意合作，是成功的有利条件。

因为处处要人守礼，要人讲节义，这是令人痛苦的事情，要人压制自己，每一个人讲修养；要求每个人都是圣贤，有学问，有道德，守住这种贞节是很困难的。即使每个人都讲礼，都守规矩，这样习惯了以后，万事就都没得进步了。换句话说，文化学术悠久了，没有精进，也不行。

乐乐的流弊

乐者，所以和情志，亦所以生淫放。——反乐也。《乐书》曰：郑卫之音，乱代之音，桑间濮上之音，亡国之音也。故严安曰：夫佳丽珍怪，固顺于耳目，故养失而泰，乐失而淫，礼失而彩，教失而伪，伪彩淫泰，非所以范人之道。

乐在古代的含义，并不限于音乐，以现代的名词而言，乐包括了文化与艺术，乃至如歌、舞、音乐等等。这里说乐本来是好的东西，可以调剂人的性情，是社会文化不可缺少的，但是它的毛病，会使人堕落。我们看历史，一个国家富强了，文化鼎盛，艺术发达到最高点的时候，也就是这个国家、民族、社会最堕落的时候，所以乐有反的一面。《乐书》就说，春秋战国时候，郑国和卫国的音乐，就是乱世的音乐，《诗经》里也收集了一点桑间濮上男女偷情的诗歌。我们现在的部分歌词，以古代对音乐的观点看来，是充满了桑间濮上之音，这是靡靡之音，所以极需要把它净化。因此引用严安的批评说，"佳丽珍怪"，如现代的各种选美，就是佳丽，珍怪就是希奇古怪的东西拿出来公开、展览、比赛。社会太安定了，没有事做，就搞这些事情，好听、好看、闹热。人类社会真的绝对安定，真到了各个生活满足，那么整个社会就完了。"养失而泰"，养就包括民生，民生太舒泰了，社会就堕落下去。"乐失而淫"，淫就是过度了。"礼失而彩"，文化精神丧失了，表面好听好看的东西却特别多。文化不是只靠歌舞戏剧就可以宣传得好的。如戏剧里演出来好人有好报，恶人有恶报，该是正确的，可是一些孩子看了，专去学戏里坏的动作那一部分，这后果可严重。"教失而伪"，提倡教育是好的，教育的偏差，结果知识越丰富的人，作假越厉害。养乐礼教都对，但每一事都有反的一面，"伪彩淫泰，非所以范人之道"，一旦掉落事物的反的一面，要求社会上每个人都一定走上一个轨道，是做不到的，所以讲领导哲学，为政之难，目的在矫正，如矫正得过度了一点，结果发生的偏差就很厉害了。

名器的流弊

名者，所以正尊卑，亦所以生矜篡。——反名也。议曰：古者名位不同，礼亦异数，故圣人明礼制以序尊卑，异车服以彰有德。然汉高见秦皇威仪之盛，乃叹曰：大丈夫当如此。此所以生矜篡。《老经》曰：夫礼者，忠信之薄而乱之首。信矣哉。

名，是很好的，给人家名誉，这是好事，如现在的表扬好人好事，绝对没有错，但是也会使人生矜篡的念头，就是傲慢、篡夺的念头，这就是由名位而生相反的一面。中国的古礼，名称地位不同，待遇也不同，古代的官制很严格，阶级不同，穿的颜色也不同，它的最初目的在表扬有德，这是好的。可是像秦始皇的车服，显示得那么威风，而汉高祖和项羽，当时看了秦始皇的那种威仪以后，汉高祖心里面就起了"大丈夫当如是乎！"的念头，项羽更直截了当起了"取而代之"的念头，名位就有这样反的一面，正如老子的话："夫礼者，忠信之薄而乱之首。"人的本质差了，就提倡礼，但是有了礼，制度规范是很好，可也是倡乱的开始。从汉高祖、项羽看了秦始皇的威仪所起的念头这件事，老子的这句话是可信的了。

重法制的流弊

法者，所以齐众异，亦所以生乖分。——反法也。议曰：《道德经》云：法令滋彰，盗贼多有。贾谊云：法之所用易见，而礼之所为至难知也。又云：法出而奸生，令下而诈起，此乖分也。

这是讲法治的道理，每个人处处规矩，每人都有他的守则或范围，本来很好，可是毛病也出在这里，正如《道德经》上老子说的："法令滋彰，盗贼多有。"一个社会法令越多，犯法的人越多，法令规定越繁，空隙漏洞毛病愈大，历史上秦始皇的法令那么严密，还是有人起来革命。汉高祖一打进咸阳，把秦始皇的法令全部废了，约法三章，只有三项法令：杀人者死，伤人及盗抵罪。很简单的三条，老百姓就服了他，所以贾谊也说，法令越严密，犯法的人也越多起来，有的人要做坏事之前，先去找法令的漏洞作根据，做出来的坏事就变成合法的，法律不能制裁他。法规定了，有时反而容易作假，真正会犯法的人，都是懂法的，法令对这种人毫无办法，这就是乖分。

刑赏的流弊

刑者，所以威不服，亦所以生凌暴。——反刑也。

刑与法不同，刑是杀人，或拘留人，是处罚人，给人精神上、肉体上一种痛苦的处罚。这是以刑树威，遏阻那些不守法的人。但是执行的人，会滥用刑法来欺负别人，有时好人也会受到刑法惩罚的痛苦，这便是刑的反作用。

赏者，所以劝忠能，亦所以生鄙争。——反赏也。

有功奖励，本来是好事，但奖励也会产生卑鄙的竞争。得奖的人与没有得奖的人，常常会争功、争赏，而争得很鄙俗，所以行赏也有好有坏。

学识的流弊

　　文子曰：圣人其作书也，以领理百事，愚者以不忘，智者以记事，及其衰也，为奸伪，以解有罪而杀不辜。——反书也。文子曰：察于刀笔之迹者，即不知理乱之本。习于行阵之事者，即不知庙胜之权。庄子曰：儒以诗礼发冢。大儒曰：东方作矣！事之何若？小儒曰：未解裙襦，口中有珠。《诗》固有之曰：青青之麦，生于陵陂，生不布施，死何含珠，为接其鬓，压其颏（音许秽反），儒以金椎控其颐，徐别其颊，无伤口中珠。由此言之，诗礼乃盗资也。

一字可以罪人

　　文子说，上古时的人，造了文字，有了知识，为什么作了书，要教人懂得文字？文字教育的目的，是使人有知识、懂事。使笨的人思想能够开发，不要忘记过去的错误，聪明的人知识学问高了以后，能够懂事。可是相反的，等到知识越广博，作奸犯科、作假的本事也越大，懂了文字，有了知识以后，犯法的也许就是这些人，而且有理论，讲得出道理来，有罪的人他可以说成没有罪，好人可就受害了。最著名的，如清代小说中的四大恶讼师，以一个字之差，就可以变更一个人有罪或无罪。由此可见一个当公务员的，手里玩笔杆的，有时候真厉害，真可怕，尽管现代是新式公文，还是要小心，不能随便用字，有时候一个字的关系都非常大。老一辈的人常说"一字入公门，九牛拖不出"，可见其严重，这就是文字效用相反的效果。

文子更进一步说，有些人做幕僚出身，专门在文字上挑剔的，笔比刀还厉害。在公文上是完全办对了，也符合法令，可是这件公文出门以后，会造成社会的紊乱，会使人造反。所以会办公文的人，不一定懂得政治，等于学军事会打仗的人，不知道国家的整个政策和战略一样，所以"察于刀笔之迹者，即不知理乱之本；习于行阵之事者，即不知庙胜之权"。这两句话是名言，要特别注意的。

盗窃死人以自豪

下面是举的一个很有趣的例子，又举出庄子来了，庄子是很会挖苦人的，这个故事记载在《庄子》的杂篇里面，这个故事很妙，他说读书人没有一个好人，都是在挖开死人的坟墓，偷死人的东西据为己有，包括我们自己在内，都是把死人坟墓里的东西挖来，当成自己的，在这里吹。这个故事说，老师带了学生，去挖前辈一个读书人的坟墓，挖了一整夜了，老师站在旁边问道：天都快要亮了，你挖得怎样，拿到了东西没有？学生说：已经挖开了，看见了死人，不过不好意思脱他身上的衣服，可是他的嘴里含着一颗宝珠，这颗宝珠一定要挖出来才行（我们今天所讲的，都是古人吐出的口水，我们将这些残余的唾沫拿来，加一点化学作用，就变成自己的学识在这里吹，这就叫作学问，也就是庄子所说死人口里的宝珠）。老师一听见学生说死人嘴里有珠，就说这有道理，古人说的，绿油油的麦子，要生长在旷野的山坡上，人生也要在活着的时候，显现出现实的美丽来，可是坟墓里的这个家伙，生前那么悭吝，向他请教他都不说，死了嘴里却还含了一颗宝珠，快把他的珠子拿来！可是，小子得小心地偷，你先把他的头发抓住，压开他下巴的两边，然后用铁钉撑开他的嘴。慢慢张开他的牙关，他的尸骸骨头弄坏了没有关系，可是他嘴里那颗宝珠，千万要小心拿来，不要毁损。

这是庄子在骂人。试看各种文章，里面"孔子曰"就把孔子嘴里的珠掏出来了，"柏拉图说"就把柏拉图嘴里的珠掏出来了，都是偷死人嘴里的宝珠。读书人都是这样教学生，这样说起来，知识毫无用处，越有知识的人，越会做小偷。还有，自己有一肚子好学问，著一本书，流传千古，还不是又被后代的人偷去。没有学问还没有人来偷，如果嘴里含一颗宝珠，死了以后，棺材还被人挖出来。暴君就专搞这一套。

这故事把天下读书人都骂尽了，但是也使我们懂了一个人生的道理——一切的努力，都是为别人作准备。

福利社会的事

其作囿也，以奉宗庙之具，简士卒，戒不虞。及其衰也，驰骋弋猎，以夺人时。——反囿也。齐宣王见文王囿大，人以为小，问于孟子。孟子曰：周文王之囿，方七十里，刍荛者往焉，雉兔者往焉，与人同之，民以为小，不亦宜乎？臣闻郊关之内，有囿方四十里，杀其麋鹿者，如杀人之罪，民以为大，不亦宜乎？楚灵为章华之台，伍举谏曰：夫先王之为台榭也，榭不过讲军实，台不过望氛祥，其所不夺稼地，其为不匮财用，其事不烦官业，其日不妨事务。夫为台榭，将以教人利也，不闻其以匮乏也。

中国古代的囿，是帝王宫廷所造的大花园。造囿的第一个宗旨，奉宗庙社稷，把祖宗的牌位摆在里面，作为国家的象征。另外一个宗旨，是"简士卒"训练部队，以戒备国家的不时之虞，防止随时随地意想不到的变乱事故。这本来是好的。可是国家到了鼎盛的时候，这种戒备的心理松弛了，失去了警觉性，练兵的操场，变成了运动场，最后还被敌人占领去了。这就是造囿的反效果，所以天下事都有正的一面和反的一面。

孟子讲故事

在历史上也有囿的故事，齐宣王看见以前文王的囿大，可是一般人还以为太小了，就问孟子这是什么道理？这一段读过《孟子》的都知道。中国上古周朝的时代，虽然是皇帝的专制政体，他修的囿，是与民同乐的公园，到春秋战国以后，就没有公园了，变成皇帝私人玩赏的地方。我们中国现在的公园兴起，老实说是近百年来受了西方文化的影响，而历史上我国在周代以前的文化，本来就有公园，所以孟子告诉齐宣王，造公园与民同乐、同利益，大家自然会认为方圆七十里的公园还太小了。他同时对齐宣王说，听说你修的囿，方圆只有四十里，里面养了许多动物，小羊、小鹿之类，如果老百姓打猎杀了小鹿，你就要把打猎的人抓来，如同惩罚杀人犯一样抵罪。所以老百姓会讨厌，因为你只是私人的享受，何必修那么大的花园。

楚灵王的故事

另一个历史故事，楚国的灵王修章华台，伍子胥的祖父伍举反对，他对楚灵王提出意见说，照中国文化的道理，我们的大建设，修建大广场，是讲军事，为训练部队用，建筑高台是研究天文用的。可是尽管国家需要这样大的建设，还是有四个条件，就是第一不能占用老百姓用来种田的土地；第二这项建筑的经费，不伤害到国家的财政；第三对于工程，雇用老百姓来做，并不妨碍到公私的事情；第四在时间上，绝不在农忙的期间动工。所以一个国家伟大的建设，是教人有利于社会，这样国家进行的伟大建设，不但不会招惹民怨，甚至都将成为百姓感戴颂扬的对象了。

我们现代是以民主政治为基础，尤其近几十年来的政治观念，当然到了最进步的时候，而在古帝王时代，就有这许多毛病，这都是讨论古代政府在建设方面的反效果给予我们历史教训的经验。

尚贤的流弊

其上贤也，以平教化，正狱讼，贤者在位，能者在职，泽施于下，万人怀德。至于衰也，朋党比周，各推其与，废公趋私，外内相举，奸人在位，贤者隐处。——反贤也。太公谓文王曰：君好听世俗之所举者，或以非贤为贤，或以非智为智，君以世俗之所举者为贤智，以世俗之所毁者为不肖，则多党者进，少党者退，是以群邪比周而蔽贤，是以世乱愈甚。文王曰：举贤奈何？太公曰：将相分职，而君以官举人，案名察实，选才考能，则得贤之道。古语曰：重朋党则蔽主，争名利则害友，务欲速则失德也。

贤人政治与党祸

在诸子百家中，墨子主张贤人的政治，"尚贤"、"尚同"是他主要的思想。历史上的政治哲学思想，都是圣贤的政治哲学。现在这里的反贤，并不是反对圣贤政治，而是说太过分了，太偏重了，就会出问题。正如孔子说的"矫枉过正"，矫枉到超过了正的分寸，又是偏了，尚贤也是一样，原文"上贤"的"上"与"尚"通，就是重视的意思。在尚贤政治好的一面，是平教化。社会的教育文化到最高的水准，社会安定，没有犯罪的人，所以"贤者在位，能者在职"，这是中国政治的大原则，最终的结果，就是"泽施于下，万人怀德"八个字，使全民得到这种政治所产生的福利。而在另一面，光讲贤人在职，贤能与不贤能的人，好人或不好的人，很难分别，如果走偏了，好人与坏人往往也会结成一党。比如历史上很有名的党祸，在汉、宋两代都很严重，宋代乃至有一度立了党人碑，连司马光、苏轼，这一班历史上公认为正人君子的，都列名在党人碑上，几乎要杀头坐牢的！而我们现代从历史上来看宋代的党祸，双方都不是坏人，这两派都是好人。另外一派的领袖王安石，历史上说他如何如何坏，其实也说不出他什么坏的事实，只是说他的政策不对，当时实行得不对，但是我们政治上的许多东西，如保甲邻里制度，就是他当时的这一套制度，他的收税原则也没有错。王安石本人，既不贪污，又不枉法，自己穿件衣服都是破的，虱子都在领口上爬，爬到衣领上去，被宋神宗看见，都笑了。三餐吃饭，都只吃面前的一盘，一则是因为近视，看不见对面的菜，更重要的是从来不求美食，对于物质的生活，没有什么过分的需求。可是在宋代他形成了那么大的朋党，只是政治意见不相投，而成为很严重的问题。朋党则比周，同一政治意见的人，会互相包庇，每人都推荐自己信任的朋友，拉自己的关系，结果就废公趋私，变成一个大私的集团，内外挟制，而被坏人利用这个团体，把好人当招牌，安安稳稳坐在上面，替坏人做了傀儡。这就成了贤人政治的反面。

姜太公论派系问题

接下来引用姜太公对文王的建议，作为这个道理的伸论。姜太公告诉周文王，如果完全听信社会上一般人的推举，社会上都说某甲好，就认为某甲好。但社会的这种舆论，不一定有标准，因为群众有时候是盲从的（古代是如此，现在用在民主政治，更要注意）。有时候非贤为贤，并不是真正贤人，因为社会关系多，制造他变成一个贤人的样子，乃至于并不是大智大才的人，也会被社会制造成智者的样子。如果根据社会上这种舆论，领导人便公认这样就是了不起的人，以为就是贤人，就有问题。相反地，对于世俗一般人认为不对的，也跟着大家认为这人就是不对的话，那么拥有多数群众的就能进身，群众少的就会被斥退。于是一班坏人可利用这种机会，彼此结合，遮蔽了贤者之路。因此世乱愈来愈甚了。这也就是说，无论古今中外，人相处在一起，自然就会结党，派系就出来，所以姜太公提出这个意见。

文王问他：我专用贤人，这就好了吧？姜太公答复文王：做领导人的要公平，人与人之间，两三个人在一起，派系就出来了，所以不能怪他有派系。人的社会就是如此，主要在于领导人的公平，将与相，文的武的，制度职务处理得好，在职务上，为政治的需要而找人才。"以官举人"这句话不要轻易放过。看懂了人事，再回过头来看历史，几十年前出来做事的，哪有现在的困难？那时有什么考试？只要找到关系，写一封介绍信，没有缺额，也因人而设官。而政治上轨道的时代，则以官举人，真需要人办事，职务确定了，才找适当的人才，绝不因人情的关系，而另外设一个官。要规规矩矩，不可以乱来。我们看周代八百年初期的政治，确是"案名察实"，脚踏实地，用人绝不讲人情，选他的才干，考察能力，所以这里的"贤"是实用的人才，稍有不同于四书中，孔孟所讲的贤人，这里的贤包括才、能、品格在内。这样才是获得有才能、好品格人才的方法。最后引用三句古话："重朋党则蔽主，争名利则害友，务欲速则失德。"这三句话是中国文化的精神，小至个人的修养，大至政治的修养，都要特别注意。一个时代，如果派系倾轧，只以小圈子利益为主，互相朋党，则蒙蔽了领导人，重视了权力、地位的名义和利益，有时就会伤天害理，害了好朋友。万事不可求速效，办一件事若要马上得到效果，为了赶成绩，就伤害到别人，伤害到职务，乃至扩大伤害到国家社会，就出了大毛病。

不能善用所长的五反

　　《韩诗外传》曰：夫士有五反，有势尊贵不以爱人行义理，而反以暴傲。——反贵也。古语曰：富能富人者，欲贫不可得；贵能贵人者，欲贱不可得；达能达人者，欲穷不可得。梅福曰：存人所以自立也，壅人所以自塞也。

　　家富厚，不以振穷救不足，而反以侈糜无度。——反富也。

　　资勇悍，不以卫上攻战，而反以侵凌私斗。——反勇也。凡将帅轻去就者，不可使镇边，使仁德守之则安矣。

　　心智慧，不以端计教，而反以事奸饰非。——反智慧也。《说苑》曰：君子之权谋正，小人之权谋邪。

　　貌美好，不以统朝莅人，而反以蛊女从欲。——反貌也。此五者，所谓士失其美质。

　　这里是讲士的五反，古代的所谓士，以现在来勉强解释，包括了一切知识分子，不过一说知识分子，很容易误为限于读书人，其实不然，无论文的武的都称为士。

　　这里提到古书的《韩诗外传》里一段文章：一个人有五反，贵、富、勇、智、貌等五种相反的一面。

　　有些人，有了势力，地位高了，譬如一个人穷小子出身，到了尊贵的时候，本来应爱护别人，爱护朋友，但是他反而不爱护别人，也不爱护朋友，而且做事不照义理，反而骄傲起来，脾气也暴躁起来，这是反贵——第一反，就是说人没有把握永远不变的，看别人，看历史，看社会，乃至看自己，都没有把握不变。现在自己可怜兮兮的，还很自我欣赏，说不定到达了某一个位置，观念就整个变了。所以要在富贵功名，或贫穷下贱，饥寒困苦都永远不变，保持一贯精神的做法，是很难做到的。但有势尊贵以后，反转来不爱人，不行义理，反而变得暴傲，这就是贵的反面。

这里又引用中国古人的老话，"富能富人者，欲贫不可得"等三句，乍看之下，好像不可能，但从经验中体会，事实就是如此。有钱的人，在他富有的时候，还能够帮助别人也富有，这样广结善缘，得道多助，自己想穷一点都做不到。一般人想，钱越多越好，有谁会希望自己穷的，这就要看个人的人生经验了。人到了有钱、有地位时，若想下来一点，却做不到。有些人运气好，追随到一个了不起的人，一步步富贵上去，想下来做一个老百姓却不可得，能够帮忙别人发达，提拔别人的人，自己想退休不干，也办不到。所以梅福（汉朝人，后来成了神仙，宁波四明山，就是他归隐成仙的地方）说：帮忙人家，结果还是帮忙了自己，阻别人路的人，最后还是把自己的路塞了。

这一段话，仔细去思想，多处去体会就发现意义很深，把前面的古语和梅福的话，对照起来，就可以了解。这些话，并不像其他的书标榜因果的道理，而只是说人的心地要忠厚。

第二个是富的反面。本来，一个人有了钱财，应该帮助人家，帮助亲戚朋友，乃至整个社会的贫人。可是，有的富厚之家，不但没有帮助别人，做社会福利、公益事业，反而因家庭的富厚，侈奢无度，这是富的不好，因此有时富贵反而害了人。

第三是武勇的反面。有的人，勇敢彪悍，应该可做军人，保卫国家，而结果走错了路，如现代青年，当太保流氓，好勇斗狠去欺负人，成为私斗，这是勇的反面。勇是了不起，但有勇的人，走偏了路，就变成大太保，乃至当强盗土匪。所以领导的人，对于勇的人才处理，国家社会该怎样培养他，要很恰当。"将帅轻去就者，不可使镇边。"如果一个将帅有勇，而行事不够慎重的话，就有"轻去就"的倾向。因为有勇，所以决策时不免掺杂个人的主观好恶，而忽略了整体大局的考量。这样的将帅是不适合镇守边疆的，应该用有仁德持重的镇守边疆，才可常保边界的平安。我们再去读历史，常常看到某一将领在前方，做得非常好，突然会把他调回来，当然，也有的调错了，乃至因而亡国的。如明朝末年，熊廷弼镇守东北，把满洲人挡住了，最后皇帝被奸臣蒙蔽利用，把熊廷弼调回来，乃至论死。假如说皇帝混蛋，本来他在宫廷里长大，对外面事不全懂，实在就无话可说了。但这些职业皇帝也蛮聪明的，他从左右大臣那里听来的理论，比我们书本上得来的多，公文比我们看得多，他明知道不必要，可是硬把前方干得好好的将领调回来，也自有他的道理，因为犯了他内心上的妒忌。我们就看现代历史，麦克阿瑟在朝鲜战争期间，准备进兵到鸭绿江的时候，美国政府马上把他调回去了。麦克阿瑟是要打了再说，美国政府则只想保持现状，不敢闹事，怕闹出事来吃不消，认为麦帅是"轻去就"，所以调他回去，另外换人。换什么人？"使仁德守之则安矣！"换一个大度雍容、有仁德、识大体的人坐守边疆，不要打起来就好了。读了这一段，再一想欧美各国的作风，都有他的道理。在他们的立场，只希望他这一代不乱，安于现实就好了。

由这里知道，书本上的道理到底对或不对，很难评断，同一个道理，同一个原则，用对了就有益，用错了就有害，所以知识这个东西，也是靠不住的，在乎个人的运用。

第四是智惠（"惠"通"慧"）的反面。聪明才智的人，心思灵敏，很有智慧，用之于正，对社会有贡献，而相反的就是奸，做作，这是智慧的反面，所以在《说苑》这部书上说，"君子之权谋正，小人之权谋邪"。权谋就是手段，手段本身并不是坏的名词，圣贤讲道德，道德也不过是一个手段，仁义也是一个手段，这并不是坏的，正人用手段，手段就正，在乎动机，存心正手段就正，存心邪门的人，即使用仁义道德好的手段也是邪。

第五是美貌的反面，用人先看相貌好不好，态度好不好。古今都是如此，距离我们比较近的清朝几百年历史，尤其晚清，有一个人一脸麻子，考取了进士，最后廷试，要跟皇帝见一面的时候，本来是状元，结果因为是麻子，而换了别人。风度好，相貌好，也是件好事，并不是坏事，去做外交官或政治上需要讲究仪表的人物，本来很妥当，如果利用自己的美貌去搞男女关系，去纵欲，这就是貌的反面。

总括说这五个条件，一个人够称得上士，具备了某一个条件，但是不能善用其所长，反而把优越的条件变成所短而弄成反面的，还是很多，这就失去了士的原本素质了。

姜太公论三明

　　太公曰：明罚则人畏慑，人畏慑则变故出。——反明罚也。明察则人扰，人扰则人徙，人徙则不安其处，易以成变。——反明察也。太公曰：明赏则不足，不足则怨长，明王理人，不知所好，而知所恶；不知所归，而知所去，使人各安其所生，而天下静矣。晋刘颂曰：凡监司欲举大而略小，何则？夫细过微阙，谬忘之失，此人情所必有，固不许在不犯之地，而悉纠以法，则朝野无立人，此所谓以治而乱也。

　　这是引用姜太公的话，就明罚、明察、明赏等三明的反面而谈治乱。

　　明罚，是说刑罚，管理得太严，动不动就罚。罚得严厉，大家都怕，但不要以为怕就可以吓住人，老子就提过这个原则："民不畏死，奈何以死惧之。"人到了某一时候，并不怕死的，所以过分使人怕，反而容易出毛病，容易发生变乱。

　　明察，凡事都对人看得很清楚，调查得很清楚。这就使人感觉到被扰乱、受干涉，为了避免干涉，于是逃避迁走了，不安其处，也容易形成社会的变乱，所以明察也有反的一面效果，因此中国的政治，过去总讲厚道，要包容一点。

明赏，动不动就奖励，这样好不好？奖励过头了也不好，人的欲望不会满足的，愈来愈不满足，一不满足就会发生怨恨了，最后便变成仇敌了。

所以真正懂得道理的，对于干部的统率管理，能够做到没有好恶，过太平日子，达到平安两个字的境界，才是真正的太平。

换句话说，《反经》告诉我们，任何一个办法，正反两端，有如天平一样：只要有一端高一点，另一端就低一点，不能平衡，问题就出来了。

最后引用晋朝名臣刘颂的话作这五个反面的结论。刘颂说：政府中负有监督责任的人，为什么只注意大的地方，而对于一些小的地方不去注意，因为每个人小的过错，偶然的缺点，或者忘记事情，这是人的常情，在所难免的，这不能算是犯了法，不应该将这类事情，列在不可违反的范围，而纠正处罚他，否则的话，政府机构和社会上，就不会有一个称得上标准的人了。这样苛刻的要求，就算不上是清明的政治，因为要求得太过分，反而造成了乱源。在一个单位中，领导的人，自己做到清廉，自己没有嗜好，是可以的，但要求部下，每个人都和自己一样，这就不行了，这就是"以治而乱"了。

专权与嫉妒

晏子曰：臣专其君，谓之不忠；子专其父，谓之不孝；妻专其夫，谓之嫉妒。——反忠孝也。《吕氏春秋》曰：夫阴阳之和，不长一类；甘露时雨，不私一物；万人之主，不阿一人。申子曰：一妇擅夫，众妇皆乱；一臣专君，群臣皆蔽。故妒妻不难破家也，而乱臣不难破国也，是以明君使其臣，并进辐辏，莫得专君焉。

忠臣孝子，这是最了不起的人格标准，但也不能过分，过分就是毛病。所以齐国的名相晏婴，这位了不起的人物曾经说过，一个好的干部，固然对主管要忠心，可是忠心太过就变成专权了。就是说一切都要经过这一个干部，容易形成这个干部的专权，那就太过分了。两三个兄弟，都要当孝子，其中一个要特别孝，那么下面的弟弟都被比下去了，这也是不孝；古代多妻制的时候，有几个太太，其中一个独擅专房，不能容纳别人，这就是妒忌。因此忠、孝等，过分了也不好，也有反效果。所以吕不韦著的《吕氏春秋》（吕不韦这位秦始皇的父亲，原来是做生意的，后来把人家的国家都换给自己儿子，这是生意做得最大的了。他著了一本书《吕氏春秋》，实际上不是他自己作的，是他的智囊团们，把中国文化中杂家的学问收集起来编著的。书成以后公布，有谁能更改其中的一个字而改得更好的，就赏千金，公布了几个月，也没有人去改一个字，这固然是吕不韦的地位太高了，大家不敢去改，而事实上这部书是有内容的，我主张大家要读，它也是中国杂家之学的大成。杂家可不一定是坏的，正的反的，好的坏的，包罗万象，叫作杂学），书中说宇宙万物滋生靠阴阳，它生长了高丽参可以补人，也生长了毒草可以害人，并不偏向只生长一类。天下雨，需要水的地方下，不需要水的地方也下，公道得很，这就是天地无私。人要效法天地。所以当领袖的人，万民之主，不能为了一个人而偏私。申子（战国时韩国人，名不害，学本于黄老而主刑名，著书二篇，号申子，为法家之祖）也说，一个女人独占了丈夫，在多妻制的时代，其他的太太，一定发生捣乱的行为。家庭如此，国家也如此，一个臣子"专君"了，其他所有的大臣、干部都被遮盖了，所以专宠的太太，很容易破家，而专君之臣容易破国。所以一个高明的领导人，对于部下，不能只偏爱一人，偏听一个人的意见，也不专权任用一个人，凡事大家一起来，像古代车轮的支杆，一起都动，于是就不会有专君的现象了。

文武兼资论

韩子曰：儒者以文乱法，侠者以武犯禁。——反文武也。曹公曰：恃武者灭，恃文者亡，夫差偃王是也。吴子曰：昔承桑氏之君，修德废武，以灭其国；有扈之君，恃众好勇，以丧社稷；明主鉴兹，必内修文德，外治武训。故临敌而不进，无逮于恭。僵尸而哀之，无及于仁矣。《钤经》曰：文中多武，可以辅主；武中多文，可以匡君。文武兼备，可任军事；文武兼阙，不可征伐。

这里引用韩非子的话，我们知道韩非子是法家，他以法家的立场，以法家的观点，认为儒家、道家以及其他各家，对社会人群，都没有贡献，一定要法治的社会才对，所以他有这两句名言，"儒以文乱法，侠以武犯禁"。知识分子，读书人（儒在这里不是专指儒家）学问又好，又会写文章，文章写多了，思想也多了，能言善道，很会辩论，于是以文学知识，扰乱了法令。讲侠义的人，动辄老子拳头大，用武勇把不平的事压平了，所以重武侠的人，专门破坏了法令，因之法家看起来，文武两方面都不对，都是不守法，这也是反文反武的一面之辞。

这里引用几个人的话。曹操说：一个国家，专门依靠武力的，最后弄到自己亡国灭种，如吴王夫差。看到现代史上，二次大战，当年的德国、日本，都是"恃武者灭"。专门好文的，最后也是亡国，不注重军事国防，如徐国的偃王，只提倡文化，不注重国防的，而最后败亡，这是"恃文者亡"。吴起的兵法上所以说，上古时候承桑氏这个国家的皇帝，治理国政，专门讲道德，废弃了武功，结果是亡国，又如夏朝的有扈，则专门讲究武功，好勇，结果也是亡国，因此文武两事不能偏废，高明的领导人，看到了这个道理，就一定以"内修文德，外治武训"八个字作政治的最高原则。军事国防是不能缺少的，文化是国内的政治中心，对外要注重国防，随时准备作战，敌人不敢打进来，自己端恭而作，非常清明，供奉殉国的忠烈；激励人民有尚武的精神，也不损害于仁德。

《钤经》（即《素书》，又名《玉钤经》）上说，文武兼备。不但国家如此，个人也是一样，中外历史上，真正的大将，都是文武兼备，光有武功而不懂文的，只是战将，不是大将。文武兼阙的，也就是文武都不够的，不可征伐，不能做大将。

倡廉的流弊

　　子路拯溺而受牛谢。孔子曰：鲁国必好救人于患也。子贡赎人而不受金于府（鲁国之法，赎人于他国者，受金于府也）。孔子曰：鲁国不复赎人矣。子路受而劝德，子贡让而止善。由此观之，廉有所在而不可公行。——反廉也。匡衡云：孔子曰：能以礼让为国乎？何有？朝廷者，天下之桢干也，公卿大夫相与修礼恭让，则人不争；好仁乐施，则下不暴；上义高节，则人兴行；宽柔惠和，则众相爱。此四者，明王之所以不严而化成也。何者？朝有变色之言，则下有争斗之患；上有自专之士，则下有不让之人；上有克胜之佐，则下有伤害之心；上有好利之臣，则下有盗窃之人，此其本也。

人与牛的故事

　　这与廉洁或贪污有关，廉与不廉，这中间很难分辨，这里就举中国文化的历史故事：孔子的学生子路，有一次救了一个落水的人生命，这个落水的人，是一个独子，他家里非常感谢，谢了他一头牛。子路非常高兴地接受了这头牛，大概杀来炖牛肉给老师吃（一笑）。而孔子对于这件事奖励子路，说子路做得对，这个风气提倡得好，将来鲁国的人，都愿意救人了，救了人有牛肉吃，这样很好嘛！子贡比子路有钱，当然，子贡的个性也不同，依鲁国的法令，当时的奴隶制度，赎人回去，奴主应该收赎金的，可是子贡不收赎金，孔子责备子贡做得不对。这两件事，子路收了别人的红包，孔子说他收得对，提倡好的风气是劝德，而子贡这样做应该也没有错，他谦让嘛，自己有钱，不收人家的钱。可是这样一来，就使别人不敢随便赎人了，所以有时候做好事很难。由这个道理看起来，人应该廉洁，不苟取，一点都不要，这是对的，当然，不可以提倡贪污，不过有些时候，像子贡的不受金于府，也不可以公然做出来，不然就会收到廉而过洁的反效果。

匡衡论政风

汉朝的匡衡（匡衡上疏是历史上有名的故事，汉元帝是非常英明的皇帝，而匡衡这个年轻的读书人，当时提了好几个报告，指出汉元帝这样不对，那样不对，这要更改，那要更改，汉元帝非常重视）就说：孔子说过以礼让治国很难得。孔子所以这样说，是因为中央政府，是天下的中心，对下面的风气，有很重大的影响作用，如果在中央政府中的重要干部，彼此之间都很礼貌，很有风度，影响到下面的社会，就不会彼此纷争；上面的人好仁乐施，下面的人就不会粗暴犯上；上面的人提倡节义，有高度的节操，下面的社会风气，则会跟着好转过来；上面宽厚柔和，下面彼此就有爱心。这四点，就是英明的领导人用不着以威严来下命令，而以自己的行为，使政治风气好转，下面就自然会受到感化。什么理由呢？因为在中央政府中的大臣们，如果意见不同，讲话时吵得脸红，于是影响到下面，就发展为打架了。上面的人如果喜欢独断独行，影响到下面的人一点都不谦让。上面如果有克胜争功的风气，下面的人就会产生伤害别人的心理，上面的人好利，到了下面就变成偷了。这是说上位者的作风，就是政治风气的根本。

忠孝的流弊

慎子曰：忠未足以救乱代，而适足以重非，何以识其然耶？曰：父有良子而舜放瞽瞍，桀有忠臣而过盈天下，然则孝子不生慈父之家（六亲不和有孝慈），而忠臣不生圣君之下（国家昏乱有忠臣）。故明主之使其臣也，忠不得过职，而职不得过官。——反忠也。京房论议，与石显有隙，及京房被黜为魏郡太守，忧惧上书曰：臣弟子姚平谓臣曰：房可谓小忠，未可谓大忠，何者？昔秦时，赵高用事，有正先者，非刺高而死，高威自此成，秦之乱，正先趣之。今臣得出守郡，唯陛下毋使臣当正先之死，为姚平所笑，由此而观之，夫正先之所谓忠，乃促秦祸，忠何益哉？

更上一层楼的道理

慎到是战国时一位道家的人物，这里是他论忠的一段话，忠孝过分了就是毛病。他说：任何一个时代，并不希望出一两个特别的忠臣。标榜忠臣固然是对的，但我曾说过，少讲文天祥这班忠臣，听了令人泄气。文天祥并没有错，应该标榜，但是要大家都做文天祥，对吗？文天祥那个时代是没有结果的啊！我们为什么不提倡汉朝、唐朝、宋朝、明朝开国时候的那些大臣呢？我们只是欣赏忠臣，可不想忠臣的那个时代背景如何？那个背景是很惨痛的。所以慎子说：忠臣并不能救乱世，这个道理在哪里？如尧、舜、禹三代，是了不起的圣人，而舜的父母都很坏，可不能认定这一对老头子、老太婆绝不会生好儿子，他们生了一个圣贤的儿子——舜。尧是圣人，但他的儿子很坏。桀是夏朝最坏的皇帝，他下面有不少忠臣，而他在历史上的过错却是那么大，所以孝子不生慈父之家，家庭好了，父慈子孝，哪里会特别显出孝行来呢？老子说的"六亲不和有孝慈"，家庭有了变故的，才显示出孩子的孝行来，我们可不希望家庭有问题。再看国家，岳飞是了不起的忠臣，可是我们并不希望有岳飞那样忠臣的结果。岳飞如果生在好的时代，处在好的领导人，好的同事之间，不过是一个坚贞的大臣而已，老子说"国家昏乱有忠臣"，我们只希望有岳飞这样一个坚贞的大臣，可不希望国家昏乱。

一个单位有好干部，也是因为有坏干部比较，才显示出来的。因此，一个英明的领导人懂了这个道理，他领导部下，要求部下，忠是要忠，可是要在职务范围以内尽忠，不要超过职务范围以外。讲到这里，就得引述历史的例子来作证明了：大家都知道岳飞是忠臣，岳飞的冤枉那还了得，其实秦桧也未尝没有冤枉，虽然岳飞是秦桧害死的，而事实上秦桧也是奉命承旨才这么做的。因为宋高宗已经对岳飞不满，岳飞犯的错误就是忠过职了，第一他的口号——"直捣黄龙，迎回二圣。"试想高宗对这口号是什么味道？直捣黄龙可以，但是要把二圣接回来，高宗这个皇帝还干不干呢？岳飞直捣黄龙就好了，迎不迎二圣，是赵家的家务事，就不必去提了。第二个错误，岳飞在前方当统帅，硬要干涉皇帝的家务事，劝高宗赶快立定太子。岳飞这些建议真是忠，完全是好意，可是超过了他的职权，使高宗受不了。所以忠不得过职，而有所建议也不要超过职权的范围以外，不要干涉到别的事。这是过忠的反面。

京房的故事

接下来再举出历史的故事来引证这道理。我们研究历史，可不是大学里历史系的方向。这里是套了三段。第一是汉朝京房这个人。第二是引用赵高的故事。第三是京房假托学生的话。京房他也是汉朝一个了不起的人。后世研究《易经》的专家，还没有能超过他的。他是易学象数的大师，他博通《易经》，但最后是被害而死的。京房学《易经》的老师是焦赣（延寿），是汉易的大师，也是有前知之能的，京房跟他学《易经》的时候，焦赣就断定了京房这位学生喜欢谈论先知，将来会不得好死的，所谓"先知者不祥"。有些人不想求先知，算命、看相、卜筮这些都是先知，能先知的人都不太好。

石显也是汉朝有名的大臣，他和京房两人在中央政府，政见不同，互相有嫌隙。后来京房垮了，下放出来到外面——魏郡做官，离开中央政府，而石显还在中央，这一下京房害怕了（由这句话，就可知京房的《易经》还没有学通，如果学通了《易经》，对于功名富贵，对于人生患难，还会那么忧愁，那么学《易经》还有什么用？这个修养就不够了，表示他的《易经》还是没有真正的学通），就上书给皇帝说，我的学生姚平对我说，我只是对你小忠，还说不上是大忠。他说，这是什么道理呢？以前秦始皇的时候，赵高用事，有一个名正先的人，反对赵高，而被赵高杀了，从此赵高在政治上的威信建立起来了，而秦二世到后来的乱，也可以说是由正先所促成的。这个话讲得多深刻，换言之，秦二世的时候，赵高想要造成自己的政治势力，被正先看出来了，想在赵高在政治上的力量没有形成的时候，揭发他的阴谋，可是赵高杀了正先，反而促使赵高建立了政治上的权威，而形成了政治的派系。所以秦之乱，实际上等于正先所促成的，而现在我京房，奉你的命令出来做地方官，希望你不要听左右的人乱讲，把我当正先一样杀掉了，那样，我的学生还会笑我（京房这些话说得多窝囊，读历史读到这些地方，不免掩卷一叹，人为什么把做官看得那么重要）。这一段的结语说，由京房所引正先的这个故事看起来，正先揭发了赵高的阴谋，这是对秦始皇的忠了，可是这忠的结果，是自己被杀了，而促成了赵高建立起政治上的党羽和权力。那么愚忠有什么益处，相反的结果更坏。《反经》就是告诉我们，做任何一件事情，要注意到反面的结果，做人也好，做事也好，尤其是政治上，事先就需要注意到反面的流弊。

庄子的著作权被盗

> 庄子曰：将为胠箧探囊发匮之盗，为之守备，则必摄缄縢，固扃镝。此代俗之所谓智也。然而巨盗至则负匮揭箧，担囊而趋。唯恐缄縢扃镝之不固也，然则向之所谓智者，有不为盗积者乎？——反智也，孙子曰：小敌之坚，大敌之擒也。

上面这段书，是庄子的话，或是鬼谷子的话，很难确定，但早已见于《庄子》外篇。这一章一般人是避免讲的，但是人人都知道。历史上懂得权谋的人，没有不知道的，反派的人知道，正派的人也知道，谁都不肯明说，也不大肯讲授。

《庄子》分"内篇""外篇""杂篇"。"内篇"是讲道，讲修道的。中国的道家很妙，军事学、谋略学等，都出在道家。虽然"内篇"是讲道，连带也说到外用，中国文化所谓"内圣外王"之学，外王就是讲外用，其实这个名词不是儒家的，而是出自《庄子》的观念。我认为中国一般大儒家表面上是讲孔孟之学，实际上骨子里都是道家的思想。外面披了一件孔孟的外衣，但是绝不承认。一般人之不大肯讲授《庄子》，和不愿意讲授《长短经》一样，学的人如果观念弄错了，就可能学得很坏。本身是教人走正路，可是揭开了反的一面给人知道，如现代李宗吾的"厚黑学"，目的是教人不要厚脸皮，不要黑良心，殊不知看了"厚黑学"的人，却学会了厚黑，变成了厚黑的人，那就很糟了。《庄子》这部书也是这样。

这里引用《庄子》的话，但据别本《长短经》资料，是鬼谷子的话。我们先要对这本《长短经》，有一个基本观念，了解它不是注重考据，而偏重于所引用文句的理论内容。也许他确有所见，是鬼谷子的话，也说不定，但在这里我们不想多去考证。其次《庄子》"内篇""外篇""杂篇"中，只有"内篇"真正靠得住是庄子自己的著作，"外篇"就不一定是他的著作，"杂篇"就更靠不住了。但是一般人真正用得着的是"杂篇"。古代的成功人物，多半都熟读它。在"外篇""杂篇"中有许多不是庄子所著。可能是别人写的，至于是不是鬼谷子的，则是一个问题，只有在《长短经》里指出是鬼谷子说的，这段话是中国文化里很有名的一段文章。现在译文已经很多了，他的内容是：

做强盗、小偷、扒手的人，是弄坏人家的皮箱，撬开人家的柜子，或从人家的口袋里偷东西。于是一般人，为了预防这些人来偷窃，有了财物，都妥当地存放好，放在保险箱、衣橱这些地方，还要在外面用绳子捆扎起来，打上死结，或者加上锁，锁得牢牢的，这是大家都想得到，都会这么做的。可是遇到了大强盗的时候，整个皮箱、保险柜都搬走，这时强盗还唯恐箱子、柜子锁得不牢，越锁得牢，对强盗越方便，越有利，免得零零碎碎，太麻烦。那么刚才所说的一般人锁牢捆好的防盗智慧，不是为自己保护是为强盗保护了，这就是聪明智慧的反作用。同样的道理，像有一位我教过五六年的外国学生，现在巴黎大学教书的法国女孩子，最近从法国来看我，问起还教不教外国学生，我笑着告诉她已经关门了，因为怕有一天，我们中国学生，必须去巴黎大学，把中国文化学回来。我们在这里辛辛苦苦整理自己的文化，一旦碰到外国的强盗，连箱子都被他搬去了，就是这个道理。而事实上已经有一些朋友的孩子，到外国去学中国历史、中国文学了。这是就文化方面而言，其他方面很多是这种情形的，譬如政权也是这样。庄子的文章就是这样，他说了正面的，可是马上可以看出反面的东西来。"其所谓圣者，有不为大盗守者乎？"圣人的保存文化，也是为大盗而储蓄的，因此智慧聪明的反面，也非常可怕。所以《孙子兵法》上也说，作战时，敌人的装备越好，对我们越有利，因为一旦把敌人打垮了，装备也拿过来了，那么敌人就变成是替我们装备，所以"小敌之坚，大敌之擒也"。

那么何以知道自己的保护、储蓄，只是为大盗而保护、储蓄呢？历史上有一件事可以证明。

圣法的流弊

其所谓圣者，有不为大盗守者乎？何以知其然耶？昔者齐国，邻邑相望，鸡狗之音相闻，罔罟之所布，耒耨之所刺，方二千余里，阖四境之内。所以立宗庙社稷，治邑屋州闾乡里者，曷尝不法圣人哉？然而田成子一朝弑齐君而盗其国，所盗者岂独其国耶？并与圣智之法而盗之，故田成有乎盗贼之名，而身处尧舜之安，小国不敢非，大国不敢诛，十二代而有齐国，则是不独窃齐国，并与其圣智之法，以守其盗贼之身乎？——反圣法也。昔叔向问齐晏子曰，齐其如何？晏子曰：此季世，吾弗知齐其为陈氏矣！公弃其人而归于陈氏。齐旧四量：豆、区、釜、钟。四升为豆，各自其四，以登于釜，釜十则钟。陈氏三量，皆登一焉，钟乃大矣。以家量贷，而以公收之。山木如市，弗加于山，鱼盐蜃蛤，弗加于海，人三其力，二于公而衣食其一，公聚朽蠹而三老冻馁，国之诸市，屦贱踊贵，人多疾病，而或燠休之，其爱之如父母，归之如流水，欲无获人，将焉避之。

田成子窃齐的故事

齐是姜太公的后代，最初姜太公帮助周武王，打下了天下，平定中国，周武王分封诸侯，姜太公被封在齐国，现在山东的东部，在那个时候，齐国土地贫瘠，是没有人要的地方，周朝对姜太公的酬劳，只是如此而已。这时姜太公已将近百岁了，只好去就国，但走在半路上不想去了，碰到旅邸的主人，可能是道家的隐士，年龄也很大了，看见姜太公一脸颓废灰心的样子，于是劝姜太公赶快去接事，并且要好好地做，不能有埋怨的心理。就凭了这一句话，姜太公听了心里当然懂，倒楣就倒楣，只有绝对服从，这才去就国。姜太公到了这样穷的地方怎么办呢？于是发明了把海水煮成盐，并且开矿，进行现代所说开发资源的工作，古代盐铁是经济上最主要的物资，齐国靠海，出产渔盐之利，因此后来到了春秋战国时期，齐国成为最富的国家。

现在这里写到春秋末期齐国的富强繁荣，渔业农业发达，地方又大，建立国家的一切政治规章制度，都是依照他们先世的圣人——太公望的做法，一点都不错，可是现在不料出了一个大强盗——田成子，齐国后来就亡在田成子手里，田成子叛变，杀了齐国的皇帝而自称齐王，偷来了齐国这个国家，而田成子所偷的，又岂但是齐国，并且把齐国几百年来好的政治规章制度，都偷过来用上了。所以历史上虽然骂田成子是窃国的强盗，但是田成子却安安稳稳地做了齐王、齐国的大老板。当他有权势在手上的时候，国际上一样地恭维他，一样地承认他了，到底他还传了十二代。由这个例子看，田成子不但偷到了齐国，连齐国历史政治的经验都偷到了。

从《庄子》这一篇看，古今中外历史，大都是从别人手里偷过来的。中国一部二十五史，几乎每一代都是偷来的。当然，明朝朱元璋的兴起，也还不能算偷，其他都是偷，甚至兄弟相偷，宋朝就是一例，换言之，都是盗。这也就是说：有人讲仁义，把仁义整理得非常好，可是旁边就另外有人，将他所整理的仁义大道偷走了。这是圣人道法的反作用。仁义道德礼智是好，但好东西给了坏的人，反用起来，正如将讲仁义道德礼智的人打倒。试看今日国际上，如自由世界讲人道主义，绝对尊重人权，定了许多办法，但是有人就利用这个名称，煽动美国国会进行统战，所以好事被坏人反用了，就厉害得很。

晏子论权

齐国将到末期了，叔向问齐国的名宰相晏子，齐国的前途如何？晏子说，这已经是没落的时代。这里古文称季世，因古文以孟、仲、季来代表大中小或先后次序，而最小或最后的又称叔；古文上的叔世，也就是末世的意思。季世即没落的时代。这里晏子是说，齐国已经到了没落的时代了，走下坡路了，他不能不说齐国要归陈家了。这时陈家是齐国的权臣大夫，特权阶级，后来叛变。晏子说，现在齐国的政府对人民不关心，民心都归顺了陈家。以度量衡这件事来说，齐国的量数，原来分为豆、区、釜、钟四级，以四升为一豆，依次逢四进位，到釜的时候，则以十釜为一钟。而陈家居然创出自己的量制来，从豆到釜不用进四而都加一，成为逢五进位，所以钟的量在观念上更大了。他以家制贷放出去，以公家的量制收进来，说是用大斗贷出、小斗收回的方法，使民心归服。山货木材，海产鱼盐，从产地到市场不另加税，以利人民。而在齐侯统治下，一般人出三分力量，两分归公，只有一分留作私有。结果公家的东西多得都朽蛀了，但是负责公务的三老，却穷到饭都吃不上，整个国家弄到穷的愈穷，富的愈富。外加齐国刑罚太滥，多有断脚之刑，断脚的人太多，形成"屦贱踊贵"，普通人穿的鞋子反而不如断脚者专用的"踊"价格贵。对一般人的痛苦，陈家却能安慰救助，所以大家都喜欢陈家，所有的人心，都被陈家骗去了，齐国的祸乱，恐怕难以避免。

这里看到经济的关系，社会的关系，与政治关系的重要。齐国虽有晏子这样有才具、有道德的宰相，但当民心归向陈家形成后，也是没有办法，正如《庄子·胠箧》一章中说的，齐国被陈家这一个扒手给扒掉了，而陈家的扒窃方法，是由经济方法向收服民心下手的。

圣盗同源

跖之徒问于跖曰：盗亦有道乎？跖曰：何适其无有道耶？夫妄意室中之藏，圣也。入先，勇也。出后，义也。知可否，智也。分均，仁也。五者不备而能成大盗者，天下未之有也。

盗跖，是代表强盗土匪坏人的代名词，在古书上常常看到这个名词，并不是专指某人的专有名词，而是广泛地指强盗土匪那一流坏人。我们平常说"盗亦有道"，这句话的由来就出在《庄子》这一段。

强盗问他的头目，当强盗也有道吗？强盗头说，当强盗当然有道。天下事情，哪里有没有道的？当强盗要有当强盗的学问，而且学问也很大，首先在妄意——估计某一处有多少财产，要估计得很正确，这就是最高明——圣也。抢劫、偷窃的时候，别人在后面，自己先进去，这是大有勇气——勇也。等到抢劫偷盗成功以后，别人先撤退，而自己最后走，有危险自己担当，这是做强盗头子要具备的本事——义也。判断某处可不可以去抢，什么时候去抢比较有把握，这是大智慧——智也。抢得以后，如《水浒传》上写的：大块分金，大块吃肉，平均分配——仁也。所以做强盗，也要具备有仁义礼智信的标准，哪有那么简单的！像过去大陆上的帮会的黑暗面，就是这样。从另一角度看，那种作风，比一般社会还爽朗得多，说话算话，一句够朋友的话，就行了。所以要仁义礼智信具备，才能做强盗头子，具备了这些条件而做不到强盗头子的或者有，但是没有不具备这五个条件而能做强盗头子的，绝对没有这个道理。

这里是引《庄子》的一段话，如果看全篇，是很热闹、很妙的，其中的一段是说到孔子的身上，内容是鲁国的美男子，坐怀不乱的圣人柳下惠，有一个弟弟是强盗头子，孔子便数说柳下惠为什么不感化这个弟弟。柳下惠对孔子说，你老先生别提了，我对他没办法，你也对他没办法。孔子不信，到柳下惠这位强盗弟弟那里，不料这个强盗弟弟，先是摆起威风对孔子骂了一顿，接下来又说了一大堆道理，最后对孔子说，趁我现在心情还好，不想杀你，你走吧！孔子一声不响走了，因为这强盗头子讲的道理都很对，所以这里引的一段，也是柳下惠的弟弟对孔子说的，而实际上是庄子在讽刺世风的寓言。李宗吾写《厚黑学》的目的也是这样的，所以也可以说庄子是厚黑学的祖师爷。相反地来看，即使做一个强盗头子，都要有仁义礼智信的修养，那么想要创番事业，做一个领导人，乃至一个工商界的领袖，也应该如此。倘使一个人非常自私，利益都归自己，损失都算别人的，则不会成功。

后汉末，董卓入朝，将篡位，乃引用名士。范晔论曰：董卓以虓阚为情，遭崩剥之势，故得蹈藉彝伦，毁裂衮服。夫以刳肝斩趾之性，则群生不足以厌其快，然犹折意缙绅，迟疑凌夺，尚有盗窃之道焉。

这里又引用另一个历史故事来作说明了：

在后汉末朝，三国开始的时候，董卓在当时是西凉边疆的一名土匪兼军阀，毫无纪律，但对于权变诡谋，他都懂，当想要把汉献帝的位置拿下来的时候，就知道先礼敬人。当时社会上知名的学者，如蔡邕就是他敬重的人，所以著《后汉书》的范晔，为董卓下结论说，董卓那种野蛮的豺狼之性，又遇到汉朝的政权垮台剥落崩塌的时代，给了他机会，得以蹈藉彝伦，破坏纲常制度，毁坏分裂了中央政府的政权，像董卓这种残酷得能够吃人，剐人肝斩人趾的人，就是杀尽了天下的人，也还不够称心。但是就连这样坏的人，对于名气大的文人学者，却还懂得故意表演谦虚的一套。就在民国初年，如东北早期的军阀卢俊昇，从关外到了北洋政府的时候，把带来的大批人参、皮货，从门房、副官一直到上面的大员，每人一份礼，会议的时候，什么都不懂，轮到他讲话的时候，他只一拱手说："我叫卢俊昇，初次到北京，样样不知道，全靠诸老兄！"可是这个马贩出身的军阀，就这样成功了。董卓的"折意缙绅"也就是这个手段，因此他对于汉朝的政权还想慢慢来凌夺，一点一滴，渐渐抓过手来，把它吞掉。所以不要看董卓是这样粗鲁、好杀人的家伙，他还懂得盗窃之道，怎样去偷别人东西的方法。

例如蔡邕是当时的名士，学问非常好，董卓特别把他捧起来，因此后来董卓失败了，被群众杀死，因人胖脂肪多，被人在肚脐点灯的时候，谁都不敢去收尸。蔡邕是个文人，还是去哭吊，他认为董卓尽管坏，而对自己很好，还是朋友，仍然去吊丧，结果蔡邕也因此被杀了，他的女儿文姬流落到匈奴去，后来才由曹操接她回来。

> 由是观之，善人不得圣人之道不立，盗跖不得圣人之道不行，天下之善人少，而不善人多，则圣人之利天下也少，而害天下也多矣——反仁义也。

由董卓这种人，对于名士学者，都知道笼络运用看来，可知"道"——仁义礼智信这个原则，好人想要成功，需要以它做为依据，坏人想要成功，也不可以违反这个原则。可是天下到底好人少，坏人多，就拿社会学、人类学的观点来看，也是事实，人性坏的多，所以耶稣、释迦牟尼、老子、孔子，才要拼命劝人做好，可也有很多人利用宗教靠宗教吃饭的，就是天下善人少，不善人多的道理。知识学问，本来是想教人走上好的路，可是坏的人多了，如一些大土匪，何尝没有知识学问？坏人知识多了，为害天下的本事也就更大了。作者的这几句结论，说得很中肯、很深刻，也很悲痛。文化学问，真是一把刀，刀的本身不一定是坏东西，刀不一定是杀人的，还可以救人，医生动手术用的又何尝不是刀，而且还非用不可，刀的本身不是问题，问题在于执刀的人，刀是如此，文化、道德、学问也是如此，这是说仁义的反面。

> 议曰：昔仲由为邵宰，季氏以五月起长沟，当此之时，子路以其私秩粟为浆饭，以馈沟者，孔子闻之，使子

贡往覆其饭，击毁其器。子路曰：夫子嫉由之为仁义乎？孔子曰：夫礼！天子爱天下，诸侯爱境内，大夫爱官职，士爱其家，过其所爱，是曰侵官。

再继续讨论这个问题，举出历史事实，说明怎样做法才是正确的：

有一次子路去做邵这个地方的首长，当时鲁国的政权掌握在季家的手里，限五个月以内，开通一条运河。古代人口少，经济没落，季家这个措施，对老百姓来说，太过苛扰了。而子路的行政区内正管到这件事，为了要鼓励大家做工，公家的经费又不够，就自己掏腰包，把自己的薪水贴上，乃至从家里弄粮食来，供给大家吃。孔子听到了这个消息，马上派子贡去，把子路做好给工人吃的饭倒掉，把饭锅打毁。子路的脾气，碰到这情形，火可真大了，跑回来跟老师吵架，对孔子说，你天天教我们做好人好事，教我们行仁义，现在我这样做，你又嫉妒了，又反对我了，还教子贡来捣乱。孔子就说，子路！你不要糊涂，中国的文化、古礼，当了皇帝的人，因为天下都是自己的，便忘记了自己而爱天下，当了诸侯，就爱自己国家以内的人民，当了大夫就只管自己职务以内的事，普通一般人，爱自己的家人，超过了范围，虽然是行仁义，也是侵害了别人的权利，所以你做错了。

从历史上看，一个精明皇帝下面的大臣是很难做的，假如一个大臣，做得很好，做到上下一致爱戴他，拥护他，皇帝只要问他一句话："意欲何为？"这大臣就受不了。就如包拯这样的忠臣，宋仁宗这样高明的皇帝，有一次包拯建议他册立太子，宋仁宗很不高兴地反问一句："你看我哪一个儿子最好？"意思是你姓包的希望我早死，可以把我儿子中和你有交情的一个捧上来，你包某人可以官做大一点揽权不成？包拯懂了他问这句话中的这些含义，所以立刻跪下来脱了帽子对皇帝说，我做臣子的已经六十几岁了，也没有儿子，这个册立太子的建议，不是为了我自己，完全是为了朝廷。宋仁宗这才笑了。当年孔子就是这个道理，看见子路做出超过范围的事情来，为子路着急，赶紧教子贡去把他煮好的饭都倒掉。

另一个历史故事：

> 汉武时，河间献王来朝，造次必于仁义。武帝色然难之，谓曰：汤以七十里，文王以百里，王其勉之。王知其意，归即纵酒。

汉武帝的时候，封在河间的献王，自然也是刘邦的子孙，来朝见汉武帝，穿的衣服很规矩，每一个进退动作，都很得体，很有礼貌，处处都合乎行仁由义的规矩，就自然而然地表现出庄重威严的样子来。汉武帝见了他以后，态度脸色都变得很难看，心里有所疑虑妒忌的味道，于是对河间献王说，汤武当年起来革命，不过是七十里大的地方开始的，文王开始时候的辖区也不过一百里方圆，而你现在管的地方，比他们的幅员还更广大，你好好地干吧。汉武帝这几句话，太严重了，意思是说，你努力吧，像你这样做法，有一天造起反来，一定可以推翻我了，至少将来我死了，也可以打垮我的儿子，由你来当这个皇帝了。我们从这类历史上看来，人类也很可怜，父兄叔侄之间，往往为了权力利害的相争而相杀。以哲学的观点去看人性，人实在是毫无价值的，骨肉之间感情非常好的，往往出在贫穷的家庭。一到有富贵权力的冲突，兄弟、姊妹、父子之间都发生问题，古今中外都是如此。这在一个哲学家看来，人实在太可怕了，真是六亲不认，比禽兽还不如，没有道理，这就叫做人，人这种动物又有什么意思？由此可见汉武帝的"王其勉之"这句话心理的反映。

河间献王听了汉武帝这句话，懂得他话里的意思，回去以后，就故意吊儿郎当，一天到晚喝酒，听歌跳舞，表示没有野心，以行动告诉汉武帝，你可以放心了。

> 由是言之，夫仁义兼济，必有分乃可。故尸子曰：君臣父子，上下长幼，贵贱亲疏，皆得其分曰理；爱得分曰仁；施得分曰义；虑得分曰智；动得分曰适；言得分曰信。皆得分而后为成人。由是言之，跖徒之仁义非其分矣。

由子路和河间献王这种历史故事来说，要实施仁义爱人，普遍地帮忙别人，爱部下爱团体，也还要知道自己的本分，超出了本分不行。孔子把子路的饭倒了，就是子路的行为超出了本分。孔子这样做，也是对子路无比的慈爱，是爱护学生如自己的儿子一样，因为子路这样一做，他会大得人心，但必然会引起的嫉妒，就非把子路害了不可，这就是教子路不要超过了本分，做人做事就如此之难。所以尸子（尸佼）里就提到，做人的道理，要守本分，就是我们的老话，现在大多数年轻人是不会深入去体会的。什么是本分？做领袖的，做父亲的，做干部的，做儿子的，上下长幼、贵贱亲疏之间，都要守本分，恰到好处。譬如贫穷了，穿衣服就穿得朴素，就是穷人的样子，不可摆阔；有钱的人也不必装穷，所以仁爱要得分，施舍要得分，仗义疏财也要得分，智慧的行为也要得分，讲话也要得分，信也要得分，总而言之，做人做事，要晓得自己的本分，要晓得适可而止，这才算成熟了，否则就是幼稚。由这个道理看起来，虽然上面所说的强盗也讲仁义道德，所谓"盗亦有道"，可是在做人的基础原则上，他是错误的。

这是中国文化，为西方所没有的，到今天为止，不论欧洲或美国，还没有这个文化，专讲做人做事要守本分的"哲学"，能够达到如此深刻的，这些地方就是中国文化的可贵之处。

> 由是言之，夫仁义礼乐，名法刑赏，忠孝贤智之道，文武明察之端，无隐于人，而常存于代，非自昭于尧汤之时，非故逃于桀纣之朝，用得其道则天下理，用失其道而天下乱。

这里作全篇的结论了。他说，由上面反复所说的各点来说，孔孟思想所标榜的仁义礼乐，法家所提倡的名法刑赏，忠孝贤智的行为，文的武的以及侦察谋略等事，每家的思想，每一种法制，都是天地间的真理，永远存在那里，并没有避开人去隐藏起来。尽管时代变了，而真理还是代代都存在的，不能说时代变了，仁义的真理就不存在，就不是真理了。所以并不是说在三代以前，尧舜的时候，仁义道德就自己主动地出来了，也不是说夏桀、商纣的时候，仁义道德就没落了，离开了人类社会。问题还是在领导时代的人物们的运用。我们要注意的，这里只讲用不讲体，每一个学问，每一个思想，每一个政策，每一个办法，运用之妙在于人。如我们桌子上这个茶杯，可以泡茶，固然很好，因喜欢茶而喜欢了茶杯，但同样的杯里也可以盛毒药用来杀人，这茶杯本身没有好坏，在于如何使用这个杯子，是给人喝茶或给人服毒，用得对的就天下太平，用得不对，就天下大乱。懂了这个道理，就知道一切学问，一切思想，在于用得恰当不恰当，同样的思想，同样的学问，用的时间空间不恰当，就变成有害处。

> 孙卿曰：羿之法非亡也，而羿不世出。禹之法犹存
> 也，而夏不代王。故法不能独立，得其人则存，失其人则
> 亡矣。

这里引孙卿的话作最后结论，古代羿的法制、思想、政策并没有错，而这些不错的办法还存在的时候，羿在中年就早死了。禹王治水以后称夏朝，他的文化法制都还存在，但后代也没有了，而制度、办法都还是原来的。问题就在这里，任何法律、思想、体制、政策、主义、法则、本身不能单独存在，靠人去运用，人用得好就存在，用得不好就亡掉。

最后引用《庄子》的一段寓言作论证。

> 《庄子》曰：宋人有善为不龟手之药者，代以洴澼絖

为事。客闻之，请买其方百金，客得之，以说吴王。越人
有难，吴王使之将。冬，与越人水战，大败越人，裂地而
封。能不龟手一也，或以封，或不免于洴澼絖，则其所用
之异。故知制度者，代非无也，在用之而已。

这是在《庄子》里很精彩的、很有名的典故，古代的大
政治家或大阴谋家都懂这段故事。《庄子》说：宋国有一家
人，有一个祖传秘方，能在冬天里涂在身上，不生冻疮、手上
皮肤不会裂开来，所以这家人，凭了这个秘方，世世代代漂
布，都不会伤手，因而漂的布又好又快又多。有一个人经过这
里，听说这家人有这个秘方，要求以一百金——也许相当于现
在一百万美金的价值，购买这个秘方。后来果然以这个大数
目，把秘方买来了，然后到南方去游说吴王，吴越地在海边，
打仗要练海军作水战，他游说吴王成功，做了吴国的海军司
令，替吴国练兵。到了冬天，和越国打仗，吴国的海军涂了他
的药，不怕冷，不生冻疮，大败越国，因之立了大功，裂地而
封。他就是利用这个百金买来的方子，能够功成名就以至于封
王。庄子说，就是这样一个不生冻疮的方子，有的人能够利用
它不生冻疮、不裂皮肤这一点而封侯拜将，名留万古。而这一
家人却只能用这同一个方子，世世代代替人家漂布。同样一个
东西，就看人的聪明智慧，怎样去运用，而得到天壤之别的结
果。因此一个人，倒楣了不要怨天尤人，要靠自己的智慧去想
办法翻身；所以任何思想，任何制度，不一定可靠，主要在于
人的聪明智慧，在于能否善于运用。

苏秦的历史时代

上次讨论了张良，现在自《战国策》上，摘录有关苏秦的一段问题来研究。苏秦与张仪，是中国史上的两个名人，过去称他们为说士或说客，所谓游说之士，意思是说他专门玩嘴巴的。我们今天提出这一篇来研究，是非常有意义的。像现在美国的基辛格（美国国务卿，以"穿梭外交"游说国际间），我们中国人就称他为游说之士，是苏秦、张仪之流。一个书生用他的嘴巴，凭他的脑筋，摆布整个世界的局势，在我们过去的历史上，最知名的就有苏秦、张仪两同学，这是我们都知道的故事。现在我们回转来再研究苏秦、张仪的传记资料，对我们这个时代有很深的启发，许多道理，都可以在这里看出来。

这里就牵涉到历史哲学问题。讲历史哲学，有两个重要观点，一个观点认为人类历史是重演的；一个观点认为人类历史是进化的，不会反复重演。但这两个观点是可以融会贯通的。历史的现象，事物的变化，并不一定重演。譬如我们现在穿的西装，同古代衣服的式样就不同了；但是大原则，人要穿衣服，则是一样的。我们知道了历史的原则是一样的，所以看到苏秦这一篇，就可以找出很多很多的重点来。

我们如果是做学术的研究，当然，只靠这一篇是不够的。《战国策》是汉代刘向编的，根据历史的资料，集中起来，编辑成书，名为《战国策》。古代所指的"策士"就是专讲谋略学的人。譬如现在我们因为某一事件，向上面提出一个建议，这建议就是"策"。专门以这种计策起家的，就叫"策士"。另外，像宋代因时势的需要，改变了考试制度，应考的文章中，必须增加写一篇策论。这就是看应考人对政治和时事的见解，对国家大事的认识。到清朝末年，提倡废除"八股"的时候，有一度又主张考试策论。我们知道宋代苏东坡考中科名的那篇著名的文章：《刑赏忠厚之至论》，讨论司法上判罪的问题，也即是与政治有关的司法问题。现在我们要看的这篇文章摘自《战国策》，就是属于策论这一类的——也可说明《战国策》一书的完成，是刘向当时把战国时代的许多谋略问题，集中起来，编为一书。

从前读书人对于这本书，有两种主张：一种是限制年轻人，不许读这本书。古代的观念，认为读了这本书，容易学坏。所以要先读四书、五经，等读好了以后再读，由正经而懂得如何权变。但是另一个观点，每逢时代乱的时候，便有许多人主张应该多读《战国策》，因为时代乱的时候，需要有头脑的人才，所以读了《战国策》，对事物的观点会不同。但是，研究谋略这一类东西，仅仅是读《战国策》还是不够的，譬如研究苏秦，就得再读司马迁所著《史记》中苏秦等人的传记。但那样还是不够，最好再能了解战国时候，苏秦当时所有的历史情势。

现在，我们仅就《战国策》中"苏秦始将连横"这一篇来研究。所谓"合纵"等于组织一个联合国。当时秦国是一个新兴起来，有强大力量的国家，苏秦就把弱小的国家，联合起来抗秦，用历史的观点来看，苏秦的"合纵"计，也就是这个组织的建议，是很不错的，应该的。但是有一点，我们看了全篇以后，首先要认识一个人的动机，因为苏秦当时的用心，并不是为了天下国家，而是为了个人出风头，这是首先我们必须了解的。

第二点，根据历史的记载研究，苏秦当时是一个读书的年轻人，后世人称他是鬼谷子的学生。关于鬼谷子，又是一个可以用来作专题研究的题材了。历史上究竟有没有鬼谷子这个人，另外待考，如在河南有"鬼谷"这样一个地方，不过古代又称"归谷"，意思是归隐在这个山谷。据说这是道家的人物，有如张良所遇到的黄石公一样，是不是确实有这个人，不知道。就是真有这样一个人，无疑的，学问一定非常好，据说苏秦便是他的学生。今天讲谋略学，所谓拨乱反正的这一套学问，乃至于用在坏的这一方面，捣乱造反的学问，都是出于他——鬼谷子。苏秦当时出来，拿鬼谷子的这套学问，游说诸侯晋见每个国家的领袖，希望取得功名富贵，实行他自己的思想。

第三点要注意的，游说在当时是一种普遍的风气，那个时候还没有建立考试制度，知识分子都靠游说出来做事的。譬如孟子，一天到晚见这个诸侯，见那个诸侯，也是游说。各个诸侯虽然尊重他的学问，可是却不用他。同样的，后来苏秦第一次出来游说，也是完全失败了，没有人听他的。我们看他游说的内容对不对？完全讲的是正道，但是正道当中有歪道。以现代的观念来说，苏秦是偏重在军国主义的思想，主张富国强兵，他举出历史上的实例，只有战争才有办法，才能够强盛，才能够安定。可是秦国并没有接受，这又是什么原因？这就是我们读书要注意的地方。当时的秦国，是秦始皇的祖父辈，天天想统一，想消灭其他大国，可是苏秦主张用兵，又为什么不听从他的意见？这同我们今天的情形一样，为什么基辛格提倡以和谈代替战争？为什么不肯言战？我们读历史，就要懂得这些。懂得历史就懂得现在，懂得现代也就懂得古代。历史并不一定重演，但原则是一样。

第四点，再讲到苏秦个人，第一次游说失败，弄到回家的路费都没有，穿双破跻鞋，拿只破箱子，回到家里来，嫂嫂不给他饭吃，家里的人都看不起他，那种难受，是到了万分。因此苏秦重新发愤读书。所谓悬梁刺股，把头发用绳子绑起来，挂在梁上，身旁放一把锥子，等到夜晚读书打瞌睡时，头一低，头发一扯，醒了。再不行就自己用锥子刺自己的肉，如此鞭策自己用功。据说读的是《太公兵法》，把太公兵法读通了，于是再度出来游说诸侯。这次不再跑到秦国去主张打仗，反而跑到弱小的国家，等于今日世局中，受人侵略、受人宰割的国家，由燕国、赵国开始，组织联合阵线抗秦，不主张打仗，主要目的在使秦国不敢出兵。他把天下大事、人的心理、政治的心理、战争的心理，都摸透了，果然成功了。这一下身佩六国相印，同时当起六个国家的行政院长，印都挂在身上走，随时拿来盖就行了。当时这位联合国的秘书长，还不比现在的联合国秘书长，他是有实权的，只要他说一句话就行了，整个国际局势就受这样一个书生的摆布，安定了二十多年，这又是一个什么道理？为什么他后来主张合纵，大家会团结？这是矛盾的团结，利害关系的团结，不是道义的团结。为什么会这样，也是值得我们研究的，这和现代的情形又是一样。

第五点，到了他个人成功以后，就看出这一班人是只讲手段的，只求如何达到目的。所以中国文化中讲正统文化的，素来对于这些人不大重视，因为他们只以个人为出发点，而孔孟思想是不以个人为出发点。苏秦成功以后，自己知道这套手法只是玩弄玩弄而已，各国君王的头脑不一定都是豆腐渣做的，不会一直听他的摆布，只不过是所拿出来的办法，正投合了时代的需要，都只是手段。他也知道这个手段不会长久，他的另外一招就很厉害了。当有一个强大的敌人存在，大家需要团结起来与它抗衡，这时是做得到。但对秦国封锁了以后，秦国的军国主义不能扩张了，结果苏秦的戏就不能唱了。没有了敌人，怎么还能够玩？

于是他利用机会培养和他学问差不多的好同学张仪，他这培养方法就很高明了。他怎样培养张仪的？他和张仪的感情原来好得很，而且两人约定在先，谁先有办法，谁就帮忙另一人站起来。这时苏秦佩了六国的相印，张仪还穷得很，去找苏秦，心想求取一个秘书、科长的位置，还会有什么问题？苏秦正在办公室接见各国大使，忙碌得很，知道张仪来了，教他在外面小工友的小房子里等候，自己威风得很。到了吃饭的时候，也留张仪吃饭，可是随便打发他在一个角落里吃，自己却和各国贵宾周旋。故意使张仪看见，使张仪难受，用种种方法刺激他，最后告诉张仪目前没有机会，嘱到旅馆等候，也不送点钱去，使他受尽冷落凄凉之苦，然后教一个人对张仪说：你是找苏秦的？同学有什么用？他已经功成名就，不理你了，你的学问也很好，又何必求他呢？用种种方法挑拨，使张仪恨死了苏秦，决心非打倒苏秦不可。到秦国去，你苏秦搞合纵，我就弄一个专门破合纵的计划。实际上，苏秦正需要像张仪这样的人到秦国去，但是他为什么不告诉张仪合作唱对台戏？因为他知道张仪如果不受这样大的刺激，就发不起狠来，如果说明了，反而搞不好，必须要培养出他如此怨恨的气愤，硬是要立志做破坏的计划，两人才有戏唱。所以后来张仪连横的计划成功了，苏秦派去挑拨张仪到秦国去，始终"卧底"的人，这时才把真相说出来。实际上张仪到秦国的路费还是苏秦奉送的，一切都是苏秦安排的。所以张仪说，我还是没有跳出这位老同学的手心。并且决定苏秦还在的一天，秦国就一天不出兵，等苏秦死了再打。战国末期，就被这样两个书生摆来摆去，摆布了相当长一个时期。现在我们用人才，除了有才具，有学问，有思想，还非要有道德做基础不可，没有真正的道德做基础，则好头脑是很可怕的。这是第五个重点。

第六个重点，附带谈到有名的故事，当苏秦第一度游说失败，穷了回家的时候，嫂嫂都不给他吃饭，冷饭都不剩一点，父母兄弟都看不起他。到后来身佩六国相印，要到楚国去的时候，经过自己家乡，他的嫂嫂以及全家人都跪下来迎接，那种恭维真是不得了的，这时苏秦问他的嫂嫂："何前倨而后卑也？"这个话也只有苏秦才说得出口。老实说，在中国讲究道德修养的人，不会讲这样的话，他却会爽直痛快当面问他嫂嫂。人性本来也就是这样，可说他问得很直爽，还不算顶坏的，还没有故意整她。而嫂嫂答复的话也很简单明了，她说："以季子之位尊而多金也。"这是人情之常。古今中外，人类社会，就是这么一回事。哪个时代，哪个地方不讲现实？从这里又可认识人情世故。

第七点，苏秦是怎样死的？善有善报，恶有恶报，他不得好死，最后到了齐国的时候，有人行刺，把他杀死了。他所以到齐国去，是因为在燕国出了私生活方面的绯色故事，和燕王的皇太后发生了关系，被燕王知道了，苏秦知道靠不住了，很危险。于是说动燕王，要到齐国去才对燕国有利，燕王明知道是怎么一回事，但也只有这个办法送他走最妥当，就让他去了。结果，齐国的大臣找人行刺他，苏秦身负重伤，没有立即死去。而齐王赏识他，大为震怒，下令全国抓凶手，可是抓不到。苏秦在临死以前，告诉齐王，只要宣布一下苏秦是个坏蛋，是为燕国来做间谍的，被杀死以后，齐国可以安定，这样宣布就可抓到凶手。苏秦说完这些话就死了。齐王果然照苏秦的话宣布，而行刺的凶手出来了，于是齐王把凶手抓来杀了。苏秦临死了，还会动脑筋，借人家的手替自己报仇，这就是搞谋略的人头脑的厉害。

这是随便举出来的七个重点，事实上我们要看的第一篇当中，并不止这七点，还有很多重点，仔细去研究起来，对于古代战争地理的观念、社会发展的观念、经济问题的观念、军事问题的观念等等，都足以发人深省。这就是读书不要被书骗去了，仅了解文字，就不是真读书，我们读书是要吸收历史所告诉我们的经验，由这经验了解很多很多的事，尤其对于今日我们国家所处的这个世界局面，会有更深入的了解。所以我上几次都建议大家，多读《战国策》《国语》，不要以为这些是老东西没有用，实际上这些书非常有用。

远见抵不住现实的短视

下面就原文文字，作一下重点解说：

苏秦始将连横，说秦惠王曰："大王之国，西有巴蜀、汉中之利，北有胡貉、代马之用，南有巫山、黔中之限，东有崤、函之固，田肥美，民殷富，战车万乘，奋击百万，沃野千里，蓄积饶多，地势形便，此所谓天府，天下之雄国也。以大王之贤，士民之众，车骑之用，兵法之教，可以并诸侯，吞天下，称帝而治。愿大王少留意，臣请奏其效！"

苏秦说秦惠王，一开始，就指出秦国西、北、南、东四边的疆界，边防的形势。不要以为这是古代的地理，大家还是要注意。虽然交通情形古今不同，但地理形势是不会变的。他继续又说到地理与经济的关系，一直到"天下之雄国也"。这是说明当时秦国的首都，在现代的陕西西安一带。我们要注意，那时的陕西又不比现代，经济的条件、地理的条件、政治的条件，都非常重要。最奇怪的是，我们研究中国战史，历史上的大战争，几乎每次都是从秦晋这边向东南打下来的，所谓建瓴而下，中国的地势就是这样，如同屋顶上倒水，一直倾下来，几乎任何一次大的战争都是如此，如果从这一方面去研究，牵涉到的战史就太多了。比较特殊一点的，只有元朝稍稍有所不同，蒙古也是由西北高原，但不一直东下，先进康藏的边境，囊括巴蜀、汉中，另由康、藏，席卷云南，而经岭南、两广，北上会师湖南、湖北。同时再另由北方出兵，两边向中原一抱，钳形的夹持，就把中原抱去了，只有这一次用的战略，与历代的战略不同。这是一大重点。

自"以大王之贤"到"愿大王少留意"这一段，要注意的是，战国时的秦国，想并吞各国，统一天下，并不是秦始皇开始的，秦始皇的祖先早就有这个企图，尤其是苏秦对秦惠王说的这段话，就是要他统一天下，并且把秦国的地理条件、经济条件、人才、军备等等优越的地方都说出来了。

苏秦受到反教育

我们现在注意秦惠王答复苏秦：

秦王曰："寡人闻之，毛羽不丰满者，不可以高飞；文章不成者，不可以诛罚；道德不厚者，不可以使民；政教不顺者，不可以烦大臣。今先生俨然不远千里而庭教之，愿以异日！"

他没有接受苏秦的意见。但不接受有他的几点理由：一、如同鸟一样，羽毛还没有长丰满，是不可以学飞的。个人做人如此，国家大事也如此，没有准备好，飞不起来的。二、"文章不成者，不可以诛罚"。这个"文章"不是现代在报纸、刊物上写的文章，这里的意思是政治文明，包括社会的安定，政治的清明，在古人说是"大文章"。用现代话说，是政治文化的基础还没有稳固，不能随便诛伐别人，征伐别人。三、"道德不厚者，不可以使民"。秦惠王所讲的这个"道德"，并不是四书五经上所讲的道德。在古代，道德是一个政治名称，意思是声望、威望。国家在一般人民，还不能信服的时候，就无法指挥人。四、"政教不顺者，不可以烦大臣"。内政还没有做到很平顺、很安定时，就不可以因出兵而劳烦大臣，劳烦国家的重要干部。

秦惠王举出了这四点。以现代的观念看，他是说：据我所知，准备不够，不能轻举妄动。自己在国际政治上的声望不够，无法去征伐别个国家。国内的威望不够，就不能支使老百姓。内政上还没有达到最高的修明境界，也不能加重大臣们的职责。所以秦惠王对苏秦很客气地说，承蒙你看得起我，那么远跑来看我，而"庭教之"（苏秦不是秦国人，他是当时中央政府所在地的东周洛阳人，因此说"庭教之"——到我这里来指导我，假如有朋友来家里看自己，我们写信也可写"蒙枉顾而庭教之"）。接着说："愿以异日"，以后再讲，轻轻四个字，把苏秦赶跑了。

药不对症的言论

可是苏秦并不死心，还是提出他的见解来，这是他最初的思想，然这时的苏秦还不成熟，可是已经蛮会说话。

苏秦曰："臣固疑大王之不能用也。昔者神农伐补遂，黄帝伐涿鹿而禽蚩尤，尧伐驩兜，舜伐三苗，禹伐共工，汤伐有夏，文王伐崇，武王伐纣，齐桓任战而伯天下，由此观之，恶有不战者乎？"

他一开始就说"臣固疑大王之不能用也"。——我早想到你不会采用我的意思。他被拒了，还赖在那里，接着他就举出历史上许多的故事来。为了充实自己理论的内容，他引用了许多上古史，而这些历史，都证明天下是打来的。由黄帝开始，一次战争胜利，就成功了，乃至最后由王道谈到霸道，例引"齐桓任战而伯天下"，靠战争称霸，领导了天下。然后说，有历史的证据在这里，没有一个国家不是靠战争而统一天下的，这就是苏秦的主张，以现代的另一角度来看，这就是黩武精神、侵略主义或好战思想，没有实力的强权就不会成功的。苏秦继续又说：

　　古者使车毂击驰，言语相结，天下为一，约从连横，兵革不藏，文士并饬，诸侯乱惑，万端俱起，不可胜理，科条既备，民多伪态，书策稠浊，百姓不足，上下相愁，民无所聊，明言章理，兵甲愈起，辩言伟服，战攻不息，繁称文辞，天下不治，舌弊耳聋，不见成功，行义约信，天下不亲；于是乃废文任武，厚养死士，缀甲厉兵，效胜于战场。

　　这一段文字，四个字一句，后来就演变成中国一种文体——骈体文，四六句，几千年来一直都用这种文体，简单明了，而包括的内容又很多。每句里都有很多的东西。试从这段中随便抽出一句来看，例如"舌弊耳聋，不见成功"这八个字，就是今天美国基辛格这一套的政策，嘴里叫和平，你基辛格叫死了都没得用。所以我们多看自己的历史，现代的这些事情在过去的历史都有过了，道理很清楚，所以苏秦说，到了后来"废文任武"，光靠文化的政治，在国际间做不到，没有办法，只好靠战争来解决问题，于是"厚养死士"，培养敢死的人。

　　接着这几句话要注意。

　　夫徒处而致利，安坐而广地，虽古五帝、三王、五伯、明主贤君，常欲坐而致之，其势不能，故以战续之；宽则两军相攻，迫则杖戟相撞，然后可建大功。是故兵胜于外，义强于内，威立于上，民服于下。

　　他说只是讲理论没得用，非战争不可，为什么？任何人都想坐在家里利益就来了，不打仗而领土越来越扩充，乃至古代的三皇、五帝、五伯以及所有的明主贤君，都希望能够做到这样，不经打仗，只要内政修明，就有人来投降。但这只是理想，用道德的政治来感化人，是不可能的事情，最后不得已，都是用战争。

　　下面是苏秦所提的重点。这个重点对不对呢？说句老实话，任何一个时代，任何一个国家，任何一个历史，都是如此，只是表面上不讲出兵而已。任何一个和平，没有一个坚强的武力在后面支持，都站不住的。所以讲军事哲学思想，苏秦的话就是：和平只有在强有力的情形下才能谈的，否则谈不到。这就是他的"宽则两军相攻"到"民服于下"一段话中的"兵胜于外，义强于内"八个字。一个国家，对外有强有力的武力支持，对内再讲求内政的修明，这时你讲道德，人家就都听你的了；如果对外的兵力不强，再讲道德也没有用。

　　　　今欲并天下，凌万乘，诎敌国，制海内，子元元，臣诸侯，非兵不可。今之嗣主，忽于至道，皆惛于教，乱于治，迷于言，惑于语，沈于辩，溺于辞，以此论之，王固不能行也。

　　最后，苏秦在这里刺激秦惠王，等于在骂他。苏秦说，根据这些历史的经验，任何国家，想统一天下都非兵不可。苏秦当然不好意思直接骂秦惠王，他说现在一般国家的嗣主们，都不懂这些大道理，都在那里惛、乱、迷、惑，沉溺在言语辩论上，空谈理论，所以推论起来，我看你秦惠王也是做不到的。意思说是说秦惠王也和他们一样的草包。

苏秦开始出来，游说秦惠王十次，骂也好，捧也好，终归此路不通。结果都失败了，老实说，这个时候苏秦的主张对不对？没有一点是错的，但是高明不高明？很笨！因为秦惠王答复他的话已经讲到底了。意思是说，你这些道理我秦惠王全知道，但时机还没有成熟，还不到时候就不能打。所以苏秦这时到底还是一个书生。从这里我们又想到汉文帝时候的贾谊，他的一篇文章《过秦论》，大家应该都念过的，内容是讲汉初中国的地理环境，与政治、军事都有关系。他为什么写这篇文章，那时正是汉文帝时代政治最安定的时候，贾谊是一个二十多岁的年轻人，学问很好，很有眼光，他已经看到天下将要乱了，汉文帝拟的几个政策有问题。他的看法并没有错，很对的，所以他向汉文帝提出这个建议，汉文帝也很服他。但后来贾谊还是不得志，死于湖南的长沙，所以后人又称他为贾长沙。历代的文人知识分子不得意，都用贾谊来比拟，尤其李商隐咏他的诗：“宣室求贤访逐臣，贾生才调更无伦。可怜夜半虚前席，不问苍生问鬼神。”是贾谊提出建议以后，文帝夜半起来忽然想到贾谊，就召见他，还特别在前面摆好一个位置等他来，表示看重他。可是当两人面对面谈话时，汉文帝却只问他人死后究竟有没有灵魂的问题，所以后来历代的文人都为贾谊叫屈，这首诗最后两句就是对汉文帝不满的，对一个这样大的才人，“可怜夜半虚前席，不问苍生问鬼神”。半夜里把他找来，这样尊重他，却不问天下国家大事，反而讨论宗教哲学的问题了。多可怜！其实这首诗也是书呆子的话，汉文帝不跟他谈鬼神又能谈什么？贾谊的这些意见汉文帝早就知道了。汉文帝的心里是认为你这个年轻的书生，意见完全对，可是时机还没有到！贾谊的智慧到底不行，眼光还不够。所以李商隐替他抱冤屈，还是书生之见。我的看法，汉文帝对他不问鬼神又能问什么？汉文帝不能对他说时机还没有成熟啊！

人情千古重多金

上面所提出来当时的时代趋势，有许多大原则，是和今日的国际局势差不多，甚至可以说完全相同。只是社会的形态、政治的形态以及其结构不同而已。现在说到苏秦本人。

> 说秦王书十上而说不行，黑貂之裘弊，黄金百斤尽，资用乏绝，去秦而归，羸縢履蹻，负书担橐，形容枯槁，面目黧黑，状有愧色。归至家，妻不下纴，嫂不为炊，父母不与言。苏秦喟然叹曰："妻不以我为夫，嫂不以我为叔，父母不以我为子，是皆秦之罪也！"乃夜发书，陈箧数十，得太公《阴符》之谋，伏而诵之，简练以为揣摩。读书欲睡，引锥自刺其股，血流至足。曰："安有说人主，不能出其金玉锦绣，取卿相之尊者乎？"

在"书十上而说不行"，路子走不通的时候，就很可怜了，原来特制的最名贵黑貂皮的衣服穿破了，钱也用光了，行李袋子破了，鞋子也买不起，只好穿草鞋，自己挑了担子，脸色难看得很，又黑又瘦，营养不良所致，只好回家了。回到家里的时候，太太看见他这副样子，不理他，正在织布做工，也不放下来，照样做她的工，嫂嫂不给他做饭，父母也不和他讲话。这里就看到了人情。由这里我们也看到千古以来一般人情，苏秦遭遇到这种情形，只有感叹自己错了。

于是这一下发愤读书，漏夜把所有的书拿出来。"陈箧数十"，他的藏书还是很多的，不比现代，古代还有那么多书，可见平常很用功。那时的书是很难得到的，"箧"就是书箱，古代的书装在竹制的箱子里，就叫书箧。他在很多的书里，找到"太公《阴符》之谋"，就是古代的《阴符经》，是不是现代的这本《阴符经》，或另有原本，就很难说，据说他读的是阴符兵法。他"伏而诵之，简练以为揣摩"。这两句话是重点，这个"伏"并不是说他跪下来读，是呆在家里不出去，正如上海话"孵豆芽"的意思，就是躲在家里，连人都不敢见，专门研究学问。"简练"二字，"简"就是选，选书中的重点，"练"是熟练，再把选出来的重点搞熟。"揣摩"就是思想、研究等等的综合，"揣"是用手比算，"摩"是摸摸看。思想上的揣摩就是研究人家的心理，研究当时各国间的形势，研究每一国领导人心理上需要的是什么。他在这段用功的期间，连睡都没有好好睡，打瞌睡的时候，用锥子刺痛自己，刺到血都流出来，一直由大腿流到脚上。他这样足足用了一年的功，自己有了信心以后，于是他说："安有说人主，不能出其金玉锦绣，取卿相之尊者乎？"这两句话是很重要的一个重点，我们要特别注意，他有了信心了，并没有为国家、天下、人类、社会着想，只求他个人的成功。他说只要找到一个老板，一定可以把这老板口袋里的宝贝、黄金、美钞都装到自己的口袋里来，不但可以拿到钱，还有当宰相的绝对把握。他自认为一定可以做当政的人，成为政治上的权要，所以他又出门了。

雏燕初飞

　　期年，揣摩成，曰："此真可以说当世之君矣。"于是，乃摩燕乌集阙，见说赵王于华屋之下，抵掌而谈。赵王大悦，封为武安君，受相印；革车百乘，锦绣千纯，白璧百双，黄金万镒，以随其后，约从散横，以抑强秦，故苏秦相于赵而关不通。当此之时，天下之大，万民之众，王侯之威，谋臣之权，皆欲决苏秦之策。不费斗粮，未烦一兵，未战一士，未绝一弦，未折一矢，诸侯相亲，贤于兄弟。

　　这次苏秦不再到秦国去了，而先到北方，这些都是弱小的国家。他先到燕国，说动了燕国的诸侯，认为他的办法好，给了他资本，要他去组织"联合国"。他就来到赵国了，在赵王建筑得非常漂亮的大办公室里，和赵王拉着手讲悄悄话，讲的一些什么内容，须看《战国策》的《赵策》，不过读中国古书要了解，他所讲的虽然记载下来给后人学习，也不一定是光明正大的好主意，都是讲的利害关系，属于当时的阴谋，所以悄悄的。赵王听了以后，大为高兴，马上封他为武安君，等于现在的上将军、特任官。这个时候，他一下子阔起来了。受了相印，后面带着从人，等于一个特别办公室的机构，"联合国"

的秘书长还没有当上，派头先有了。他出去时，后面跟着的车子有一百辆。至于锦绣千纯，并不是穿的衣服，在那个时代，布匹和钱币同样是钱，都当作货币用。他后面带了很多钱，还有白璧百双和黄金万镒，都跟在他的后面。这时他有了政治资本，才开始组织"联合国"，提倡抗秦。

下面"苏秦相于赵"到"贤于兄弟"一段：就是说苏秦这时做到赵国的首相而兼办外交，就马上与秦国断绝了外交关系，和那么强的秦国，不但外交上断绝关系，经济上工商业都不通往来了。这是他与赵王"抵掌而谈"时，不晓得出了些什么主意，后世的人无法知道。后来他的"联合国"一组成，苏秦威风之大，大到除了秦国之外，六国诸侯所辖那么大的天下，那么多的群众，每个国家的诸侯，以及"参谋长""秘书长"什么文官武将等谋臣勇士，全部都听命于他一个人，靠他一句话作决定。那种权势，威风之大，不可想象，如拿今天的基辛格来比，基辛格还不及他万分之一呢！而且这个时候，国际上没有办法停止战争，可是苏秦做到了连一根箭都没有用过，而国际上诸侯之间，就能互相合作，"贤于兄弟"，大家互相团结，这是苏秦的成功。

　　夫贤人在而天下服，一人用而天下从。故曰："式于政，不式于勇；式于廊庙之内，不式于四境之外。"当秦之隆，黄金万镒为用。转毂连骑，炫熿于道，山东之国，从风而服，使赵大重。

于是写这篇文章的人结论说，由这一段历史，就看出人才的重要，有才干的贤者得其位，天下就服了。只要这一人施展所长，天下的人不问思想、观念各方面，都跟他走，所以古话说："式于政，不式于勇；式于廊庙之内，不式于四境之外。"这个"式"就是标准，也就是中心。一个中心在于政治——包括内政、外交、经济、军事、社会、教育等广义的政治。光靠武力没有用，要好的政治策略，"式于廊庙之内"——廊庙过去指君主上朝的朝廷，比之现代，是中央最高决策的所在。只要有好的政策、好的人才，就能转危为安，就像苏秦威风的时候，六国的经济都由他支配，各国之间的关系如此密切，不但外交上如此，还有工商上的往来，在秦晋山脉以东的各个国家的诸侯，听到消息就跟着来归服了，使赵国在当时国际上，立即变成最有声望，最有地位的盟主国。

反复波澜的人世

下面讲到苏秦个人，这也是大家要研究的，关于个人的人生与国家社会的关系。

> 且夫苏秦特穷巷掘门、桑户棬枢之士耳，伏轼撙衔，横历天下，廷说诸侯之王，杜左右之口，天下莫之能伉。将说楚王，路过洛阳，父母闻之，清宫除道，张乐设宴，郊迎三十里；妻侧目而视，倾耳而听；嫂蛇行匍伏，四拜自跪而谢。苏秦曰："嫂何前倨而后卑也？"嫂曰："以季子之位尊而多金。"苏秦曰："嗟乎！贫穷则父母不子，富贵则亲戚畏惧，人生世上，势位富贵，盖可忽乎哉！"——《战国策》

这里说苏秦这个人，不过是贫民窟里出身的，家里穷得很，小门小户，好比贫民窟里违章建筑穷家的子弟而已，结果坐那么豪华的车子，威风凛凛，各国间随意走动，同每个国家的元首见面，在各个朝廷中，高谈阔论，使各国元首身边最受器重、最得宠的人，在他面前都闭着嘴不敢乱讲话，只有听命的分，天下人没有办法和他对抗。他就是靠头脑，靠嘴巴干出来的。这里就要注意了，推开军事哲学来说，任何历史，任何时代，战争的背后还是思想；权力的背后也是思想，政治的背后仍然是思想，不过许多思想家，虽然影响了整个时代，乃至影响后世千秋万载，在他本人当时是很可怜的。比如孔子、孟子以及古今中外很多人都是如此，这些人都是走正路的大思想家。而苏秦、张仪这类搞思想的人，就讲现实，他们对国家、民族、人类、社会这些大经大节都不考虑，完全个人英雄主义，自我主义，做到"天下莫之能伉"就是他们的目的。

后来苏秦要到南方一个新兴的国家楚国去，经过他的故乡洛阳，家里人这时对他的待遇，和他第一次游说秦王失败回来，连父母都不理他的情形，成了一个强烈的对比。这时父母听到他来了，赶紧雇人来粉刷房子，路都打扫干净，准备了音乐、宴席，而且到三十里以外去郊迎。太太不敢正眼看他，只有低下头，侧过脸，偷偷地瞄他一眼，苏秦讲的话，还要凑过耳朵仔细听，就怕听错了。嫂嫂更严重了，跪在地上爬过去，自己先跪下来道歉。岂止苏秦？汉高祖也是如此，当亭长的时候，又喝酒，又乱来。回家时嫂嫂也不给他做饭，要他吃冷饭去。这就是人生。

所以有的人读了这些书，觉得自己要奋斗，要争气，这是一种看法。如果讲修养的，如孔、孟的道德观念，就觉得苏秦的嫂嫂、太太这一类型的人太多太多，只是很值得怜悯，但一点也不会动气，而觉得人原来是如此可怜的一种动物，于是去感化这种人，教他们以后不要这样想，不要这样做，这就是道德的思想。相反的，就是不道德的思想，也是苏秦他们这一条路，不过苏秦还算好，他并没有报复，只是幽默一下，讽刺他嫂嫂一句而已。历史上报复的人很多，如宋朝第一位宰相赵普，胸襟就非常狭隘，度量不够大，他当了宰相，对以前对不起他的人都要报复，还是宋太祖劝他说："风尘中能识天子、宰相，则人皆可物色矣。"所以宋太祖还是了不起。赵普也还算好的，历史上有很多报复得很惨的例子。所以说苏秦算是好的，不过问他嫂嫂：上次我回来，你高高在上，现在你又跪下来干什么？如果以儒家的道理来说，苏秦就不讲这句话，儒家的做法，是不和这样的人计较。像苏秦这样做法，也是为儒家所不齿的。如历史上三国时有名的管宁与华歆的故事，他们原来是很要好的同学，有一次两人同在一起挖地，管宁挖到一块黄金，看都不看一眼，华歆拿起来看看，想了一下，还是把黄金丢掉了，从此管宁就看不起华歆，断定他将来一定有问题，而不相往来。后来华歆当了曹丕的大臣，也等于是一人之下万人之上，那么大的权贵，而管宁就盖了一个楼房，搬到楼上去住，因为他不愿意立脚在华歆所管的土地上，而一辈子不下楼。这就是儒家的另一种做法。假使苏秦讲这句话时，有一个管宁在旁边听了，就马上走开，不理他了，不必说六国宰相，即使当万国宰相，他也不会理的。可是苏秦的嫂嫂答道：你现在地位高了，又有钱，当然不比从前了。那么苏秦听了，不免有所感慨：人在这个世界上，势力、地位、金钱、富贵，这些都不能马虎的啊！不过，要知道一个人，在某一时期，财富名位权势，一点也没有了。真看通这点，才知道如何是人。

这是不能效法的，我曾再三说过，这是属于谋略之学，所以中国古代读书人，对这种书的看法是"不足为训"四个字的评语，不能拿来效法的，不过要懂得。如孔子、孟子何尝不懂这些，当然懂得，但是讲道德，则如孔子赞赏颜回的，宁可抱道穷死，绝对不走偏路；再如子贡，像苏秦这一套本领他都有，而且他也做了，游说过列国，也成功，可是子贡走的是正路，在列国上摆布了那么大的局面，而自己什么都不要，只是为了救自己的父母之邦，才不得不如此一用而已。

这里我们对历史的了解，关于个人的也好，关于国家的大事也好，应该多方面比较，才能有深刻的见识，和正大的抉择。

人才与时代历史

我们现在姑且以人作中心来讲，上次讲了苏秦，这次说到张仪。

为什么要说这两个人？要了解自己国家历史文化的演变，尤其是在一个世界变乱的动荡时代，对于权谋之术，不能不有所了解。过去大家都念过这一类的书，也许因为各人生活的经验不同，而体认的程度也有深浅不同。这几十年来，大家都有许多经历，以这许多不同的经历，来看历史上的事迹，再看世界的大势，观点就不同，因此读历史的观点也不同了。

我们都知道苏秦、张仪是战国时期的人。不过以他们个人作中心，而研究整个历史，特别要注意的是：中国文化，由周朝开始行礼乐道德的政治制度，礼乐道德的政治哲学思想，到了春秋以后，非变不可。这并不一定是由于某一个人或几个人的败坏而演变，而是时势所趋，非变不可。就像我们常说的一句最幽默的，也是最有意义的话："无可奈何，只好如此。"有些人对于环境和事务是这样，时代的趋势也是这样。任何一个时代潮流，趋势来了的时候，就"无可奈何，只好如此"。由春秋到战国，就是这样一个情形，这是第一点我们要了解的。

其次，周朝礼乐道德的政治制度与政治思想，是所谓王道政治。到了春秋时代，就成了霸道政治，所谓"霸道"一辞，并不是现代"不讲理就是霸道"的意思，当时的霸道并不是不讲理，仍旧非常讲理。以现代观念而言，列国之间的领导权，以武力或财力而称尊的，称之为霸或伯。不走礼乐道德政治的路线，走的是利害关系的路线。当然在利害关系当中，仍然还有他的道德标准，这就是霸道政治的时代。到了战国时代，也称霸道，但已经是霸道的末流了。这时的霸道，到达了并吞，也就是侵略的阶段。这个时候，一个国家所需要的是强。到了这个阶段，天下所需要的，就不是分封诸侯的封建制度，而需要统一天下为一个国家，过去宗法社会的封建是要改变了。当时各国之间，可能统一天下的，最有优势的是秦国，另外还有南方一个新兴的楚国，但楚国始终无法与秦国抗衡。至于太行山以东，黄河南北的这些国家，太老大了，内政也太衰败了，始终处于听人宰割的状态。

牵涉到商鞅

研究历史，战国时的齐国、楚国，乃至韩、魏，并不是不可为，但又为什么弄到如此，只能听秦国的摆布？归结下来，不外是人才的问题。

好了，到此我们可以得到一个结论，不但是中国的历史文化，即使世界的历史文化也是如此：决定仍是在人才。就是现代的历史，我们看《第二次世界大战秘史》这部纪录片以后，也深深感到人才是决定性的关键。任何思想，任何精良的制度，都要靠人才的创造和人才的推行。当时秦国所以能够在一百年内兴盛起来，就决定在几个人身上。苏秦、张仪以前，秦国在政治基础上，有一次很好的改革，就是用了法家商鞅的决策，提倡法治，即所谓商鞅变法。商鞅这一次在政治上所做的改变，不止是影响了秦国后代的秦始皇，甚至影响了后世三千年来的中国，这又是一个大问题。

商鞅当时改变政治的"法治"主张，第一项是针对周代的公产制度（有人说周代这个制度，就是社会主义，也就是共产主义，这种做法，是硬作比方，似是而非的）。商鞅在秦国的变法，首先是经济思想改变，主张财产私有，因为财产公有以后，人就懒惰了，不肯努力。人都是自私的，为了自己的利益才肯去努力，如果为大家做，做的成果大家都有份，那自己又何必那么卖力？这是人类基本的自私心理。由商鞅变法，建立了私有财产制度以后，秦国一下子就富强起来了。但商鞅开始变法的时候，遭遇打击很大，关键就在四个字——"民曰不便"，这一点大家千万注意，这就讲到群众心理、政治心理与社会心理。大家更要了解，人类的社会非常奇怪，习惯很难改，当商鞅改变政治制度，在经济上变成私有财产，社会的形态，变成相似于我们现在用的邻里保甲的管理，社会组织非常严密，可是这个划时代的改变，开始的时候，"民曰不便"，老百姓统统反对，理由是不习惯。可是商鞅毕竟把秦国富强起来了。他自己失败了，是因为他个人的学问修养、道德确有问题，以致后来被五马分尸。这等到有机会研究到他的时候再说。可是他的变法真正成功了，中国后世的政治路线，一直没有脱离他的范围。

由商鞅一直到西汉末年，这中间经过四百年左右，到了王莽，他想恢复郡县制度，把私有财产制度恢复到周朝的公有财产。王莽的失败，又是在"民曰不便"。王莽下来，再经过七八百年，到了宋朝王安石变法，尽管我们后世如何捧他，在他当时，并没有成功。王安石本人无可批评，道德、学问样样都好，他的政治思想精神，后世永远流传下来，而当时失败，也是因为"民曰不便"。我们读历史，这四个字很容易一下读过去了，所以我们看书碰到这种地方，要把书本摆下来，宁静地多想想，加以研究。这"不便"两个字，往往毁了一个时代，毁了一个国家，也毁了个人。以一件小事来比喻，这是旧的事实，新的名词，所谓"代沟"，就是年轻一代新的思想来了，"老人曰不便"。就是不习惯，实在"便"不了。这往往是牵涉政治、社会型态很大的。一个伟大的政治家，对于这种心理完全懂，于是就产生了"突变"与"渐变"的选择问题。渐变是温和的，突变是急进的。对于一个社会环境，或者团体，用哪一个方式来改变比较方便而容易接受，慢慢改变他的"不便"而为"便"的，就要靠自己的智慧。这也是讲苏秦、张仪这两个人的事迹，所应注意到的。

外才与内用

　　说到张仪、苏秦两个人，游说的目标，开始都是对秦国。秦国在秦始皇以前，历史政治的基础之所以打好，都借重于外来的人才。商鞅，卫国人，外来的；百里奚，虞国人，外来的；张仪这些外来的人物，还是后期的。为什么这些人，不能为自己的国家所用，反而都去替秦国效力呢？这中间的问题也很大，这里暂不分析，大家自己去研究它的原因吧！还有一个观念要很注意的，读古书固然要吸收历史的经验，但是不要被古人牵着鼻子走，尤其今天求学问，对今天的时事要格外留意，千万要把握住今古无分别的原则。当年的秦国，可以把它比作现在的美国，也可以比作苏联。但是不要忘记，秦国的坏处可比敌人，但秦国的好处也可以比作我们自己，这是没有固定的，我们怎样去运用这个法则，是在于人的智慧。

　　张仪之所以在秦国一说就通了，原因是秦国在当时所需要的，并不是什么文化思想。谁有办法使秦国强大，永远的强大，而且盖世的强大，就请谁。这是在当时的必然趋势，并不是说秦始皇的祖先们，毫无道德礼乐政治的思想，而是时代的趋势，需要如此。

张仪的故事

再看张仪的个人，要看《史记·张仪列传》，司马迁在《史记》中记载张仪、苏秦这些人，是把战国时的资料，将时间、年代、地点编起来写成传记。而在每个人的传记后面，都有评语，所以司马迁的《史记》，也等于是历史哲学，等于是一个评论。

研究苏秦时我们说过，张仪是苏秦培养出来的，不过在这以前还有一段：张仪是魏国人，小的时候和苏秦是同学，《史记》上写他们跟鬼谷子"学术"。要注意这"学术"两个字，他们并不是真搞什么学问，学的是如何拿到功名，很讲现实的一套东西，就是权变之术。在读书的时候，苏秦自己认为不及张仪，《史记》上只记了这样一笔，没有说为什么不及张仪。后来看了《张仪传》，找出一个答案，张仪的出身，比苏秦好一点，所以有点太保脾气，比较豪放，是要得开的人。苏秦后来得志以后，张仪并没有得志，环境比较好一点的人，进取心就差一点，所以读历史读多了，对于一个人的成功，会感到很奇怪的，有许多人的成功，连他自己本来都没有这样的想法，但却硬是有机会逼得他走上成功的路线。正如隋炀帝吹的牛："我本无心求富贵，谁知富贵逼人来。"这就看出一个人如果没有环境的刺激，反而容易堕落。以张仪、苏秦两人比较，张仪就是如此，等苏秦得志了，张仪还在优哉游哉。在一个当楚国宰相的好朋友家里，作第一等宾客，手面也很大，随便花钱，满不在乎，一般人看他吊儿郎当，好像品行不很高。有一天这位宰相家里掉了白璧，宰相家里的人怀疑是张仪拿的，把张仪捆起来打个半死。回到家里，太太就说他，这冤屈都是读书读来的，如果不读书，就没有这种事。张仪当然受伤很重，他看见太太这样难过，就问自己的舌头有没有坏，太太告诉他舌头当然在，张仪就安慰太太不要紧，只要舌头还在，就没有关系。我们曾经看了《张良传》中说的"以三寸舌为王者师"，这句话也等于说：只有吹牛不犯法。但据我们的经验，只有吹牛的成本最大，其次吹牛的对象更难找，因为能听吹牛的人，比吹牛的人还要高，诸葛亮会吹，刘备会听；张良会吹，汉高祖会听。没有对象，再吹也没有用。"三寸舌为王者师"，所以张仪说只要舌头在就不怕。等到伤好了，听朋友的劝，才去找苏秦。

刺激的教育

　　这时苏秦已经了不起，可是苏秦自己心里有数，知道所玩的一套不是真的道德，也不是真的政治，为了个人的功名富贵而把齐、秦等国玩弄成这个样子。这个我们要注意，今日的基辛格内心是不是也有这样的动机，值得研究。不过有两种看法，基辛格以前的确有著作，曾经有一个留美的同学，回来跟我说，基辛格这一套当然会失败，可是他著作中的理论可能不会失败。另外也有人说，基辛格大概准备把美国搞垮，因为他是犹太人。这都是推测的话，不去管它。话说回来，苏秦知道自己的西洋镜要拆穿的，如果被拆穿就不得了，必须要制造出一个敌人来，他当时的敌人是秦国，不需要另外创造，可是又有谁能去秦国说动，来和自己的计划对抗？他心里想到只有张仪，而刚好这时张仪来了，于是我们上次讲过的，苏秦就想办法刺激他。由此我们看到，一个环境好的青年，有本事，可是懒，不肯动，非要刺激他到没有办法的时候，他才去干。

山梁雌雉　时哉！时哉！

再说张仪到了秦国以后，所说的一套，就是《战国策》里这篇《张仪说秦王》。

我们看这一篇文章，除了了解这些历史经验以外，其中记录的许多观点、思想，对于我们现在的时代、国家、世界，乃至于个人，有很多值得参考的地方，须要注意。其次张仪去看的秦王，也就是苏秦所去看的秦惠王。苏秦去看他，两个人谈不拢，再读书以后，就不再去看他，想个办法，使太行山以东的国家，联合起来抗秦，把秦国孤立起来，没有办法左右当时的列国局势。现在张仪来看秦惠王，列国的情势变了，和苏秦来的时候不同，这时惠王正需要这样一个人的时候。刚好张仪到了。

　　　张仪说秦王曰："臣闻之：弗知而言为不智；知而不言为不忠。为人臣不忠当死；言不审亦当死。虽然，臣愿悉言所闻，大王裁其罪！"

这一段，有一点我们要注意，即使不研究法家的韩非子，至少要看《史记》上韩非子的传记。韩非子再三提到一个重点——"说难"，人与人之间说话最难，尤其借言语沟通政治上的思想，就更为困难。这一段里，也就反映了这一个重点，在文字的表面上没有什么了不起，实际上是一个重点。第二点从这一段里，我们看到要学习说话的艺术，像张仪这开头的三句话。首先提出实际上不知道而乱讲的，这是不聪明。第二是知道了不讲的，就是不忠，对你不忠的人应当死。第三是知道了，又讲了，但讲得不详细、不清楚，也该死。实际上他的意思是，我要详详细细说给你听，你不要不耐烦，一会儿看表，一会儿又说要开会，但是他不便也不能这样直说，所以说反面话，如讲得不详细不清楚当死。最后还加上一句，我虽然据我所知道的，利害得失全部说给你听，但是如果错了，甘愿领罪。他这么一说，如真说错了，秦王也不好意思责怪他了。他短短几句话，什么都讲到了。这就是说话的艺术。而后言归正传。

> 臣闻：天下阴燕阳魏，连荆固齐，收余韩成从，将西南以与秦为难，臣窃笑之。世有三亡，而天下得之，其此之谓乎！臣闻之曰："以乱攻治者亡，以邪攻正者亡，以逆攻顺者亡。"今天下之府库不盈，囷仓空虚，悉其士民，张军数千百万，白刃在前，斧质在后，而皆去走，不能死。罪其百姓不能死也，其上不能杀也。言赏则不与，言罚则不行。赏罚不行，故民不死也。

首先把列国局势分析下来，所谓"天下阴燕阳魏"到"将西南以与秦为难"。这一段的列国局势，都是苏秦的玩意儿，可是他绝不攻击苏秦，因为这时他已经知道是苏秦培养了他，这个时代，就在苏秦、张仪这两个同学的手里玩。

张仪说，他们这种合纵的形势，"臣窃笑之"，我觉得好笑，你秦王放心，没有什么可怕。"世有三亡"，世界上有三个大原则，谁违反了这三原则之一的，就非亡不可，在个人非失败不可。"而天下得之，其此之谓乎！"现在他们这个联合国的组织——合纵的国家，已经犯了这三样必定败亡的原则。"臣闻之曰：以乱攻治者亡，以邪攻正者亡，以逆攻顺者亡。"就是这三个条件。"以乱攻治者亡"是内在的，内政第一要清明。所以，蒋先生说的"攘外必先安内"，也是古话，根据法家思想来的。"以乱攻治者亡"是同样的道理，内部先求修明，张仪当时是指燕、魏、荆、齐、韩、赵这一边，每个国家的内政当时都在乱，真正修明的政治还是在秦国，所以后来秦始皇能统一天下，并不是偶然的。有上代替他打好了政治基础，由商鞅变法以后，内政一路建设起来的。

"以邪攻正，以逆攻顺"的道理都是一样。

他再分析天下的局势，从"今天下之府库不盈"到"其上不能杀也"这一节，原则上同今天东南亚的趋势有点相像了。第一，他们这些国家，经济不能独立，后勤补给缺乏，经济没有弄好，把所有的有用人力，都放到前方去了，统统备战。所谓"白刃在前，斧质在后"。这八个字，我们不要只作文学上的欣赏，仔细研究起来，这就是描述古代兵士在战场上，前进则有敌兵之白刃以相向，若畏惧而退阵，则后头又有"斧质"相加的死刑要承受，处境可说是进退两难。可是这些国家的军队，遇到真正发生了战争，会回头就跑，绝没有人冒死打仗。为什么呢？"罪其百姓不能死也，其上不能杀也。"

这要注意的。任何一个时代，任何国家，人民所以不会打仗，所以不肯尽忠，不肯牺牲，是有他的原因的，主要由于领导的错误。

政治上最重要的就是"赏罚"两个字，"赏罚"两个字也很难的，历史上很多人在这两个字上犯错误。甚至当家长的对孩子们的赏罚都要注意，都很难做得好。所以奖惩之间很难很难。张仪说，现在他们各国里面，"言赏则不与，言罚则不行，赏罚不行，故民不死也"。就是要赏，可是不给，说的没有用；对于处罚，也没有彻底去执行。既然赏罚不能行，大家觉得马马虎虎，没有责任感，所以就不肯牺牲打仗了。

他回过来说秦国：

> 今秦出号令而行赏罚，不攻无攻，相事也。出其父母怀衽之中，生未尝见寇也。闻战顿足徒裼，犯白刃，蹈煨炭，断死于前者，比是也。

政治修明：命令贯彻，赏罚分明（这是商鞅变法以后，秦国政治完全走上法治制度的好处），许多秦国的年轻子弟，因为国家富强、环境舒适，从离开父母的怀抱起，就没有见过敌人，一到了战场精神就来了，一顿足会脱了衣服，光着膀子，看见刀子，都不怕，就是烧红的火炭都敢踩上去，死了就死了，愿意牺牲的人多的是。

秦国的老百姓为什么会做到这样？他说：

> 夫断死与断生也不同，而民为之者，是贵奋也。

断死与断生，在人的心理是绝对不同，"断"就是断然，就是决心。断死是决心牺牲，断生是决心求生投降，这两种决心是绝对不同，而秦国的青年所以会断死于前，是养成了一种战争责任感，不怕死的精神，能够奋发，非牺牲不可，有个人的牺牲才有国家的强盛。因此秦国的士兵：

> 一可以胜十，十可以胜百，百可以胜千，千可以胜万，万可以胜天下矣。

张仪再说下去：

> 今秦地形，断长续短，方数千里，名师数百万，秦之号令赏罚，地形利害，天下莫如也。以此与天下，天下不足兼而有也。是知秦战未尝不胜，攻未尝不取，所当未尝不破也。开地数千里，此甚大功也。

从一开始说到这里，一路下来都是高帽子，好听的，而又都是真实的。高帽子也不能乱送，秦王是一个当领袖的人，笨也不会笨到哪里去，所有的资料，他都清楚。换句话说，也就是张仪把秦国当时所处的列国情势、政治环境、地理环境、军事环境、一切准备，都分析清楚。最后，他说出一个秦国当前所应该采取的措施。实际上也就是张仪自己心理所希望造成的局势。他说：

> 然而甲兵顿，士民病，蓄积索，田畴荒，囷仓虚，四

邻诸侯不服，伯王之名不成，此无异故，谋臣皆不尽其
忠也。

在这里我们就看到张仪处理思想的方法，古代所谓"以
说动人主"，就是《张仪列传》上说的，他问太太舌头坏了没
有？他用嘴巴分析利害关系，非要打动对方的心不可。使他听
了这个话，非动情不可，认为有道理，非上这个当不可。历史
上常有一句话"揣摩人主之意"，当然"人主"是指帝王而
言，以个人来说，做一个小单位的主管，也是一样，下面总要
慢慢摸你的意思，把你的个性等等都了解，这当然有正反两方
面的作用。

现在张仪把秦国的好处先讲了，可是再看下去，我们看到
苏秦合纵——来一个"联合国"以后，秦国是已经没有办法，
很吃亏了。他说"甲兵顿"，国防的战线拉得那么长，国防经
费那么大，无法打仗，停在那里，好比今天美国的情形。"士
民病"，大家心理上都很困顿。经济上"蓄积索"，慢慢空虚
了，等于现代的美国，在朝鲜半岛，在越南，打不了胜利的
仗，钱都打光了。"田畴荒"，国内的农业、工业、生产都荒
废了。"囷仓虚"，国库都空虚了，结果弄到四邻的诸侯不服，
外面的同盟国家并不服你的气，你想称霸于天下是不可能的。
我们读了这段书，看出就是苏秦这样一个书生，在七八年之
间，把秦国弄成这个窘态。同时我们也可以了解现代，美国人
到今天为止，就是这个情况。当时张仪告诉秦王，秦国所以到
这个地步，就是左右的文臣武将，没有真正尽心贡献意见
所致。

引用历史的经验

他话说到这里，就引用过去历史的经验，告诉秦王：

臣敢言往昔：昔者齐南破荆，中破宋，西服秦，北破
燕，中使韩、魏之君，地广而兵强，战胜攻取，诏令天
下，济清河浊，足以为限；长城、钜坊，足以为塞。齐五
战之国也，一战不胜而无齐。故由此观之，夫战者，万乘
之存亡也。

张仪在这个时候，要挑起战争。他希望秦国出战，但没
有直接教秦王非打不可，他只拿历史的经验来说，提到齐
国。研究这一段历史要注意的，秦是在西边，齐国是介于现
在山西与山东之间，他说历史上齐国称霸的时候，那么了不
起，四面攻破了各国，一个命令下来，列国都听他的。南有
济水黄河，北有长城作防线，像这样一个平原国家，各方面
受敌，只要一次大败仗，齐国就完了。他那个国家的命运注
定非打胜仗不可，由此可以看到战争的重要。这段话张仪是
挑动秦国非打不可。

且臣闻之曰：削株掘根，无与祸邻，祸乃不存。

这是普通做人的道理，国事也同个人的事一样，农业社会人人都知道的比喻，砍去一棵树要挖根才彻底，但不要碰到旁边的树，如把旁边的树根也挖掉，就成问题，这个祸就闯大了。这是中国农业社会的老话，也是做人的道理，凡事挖根要彻底，不要留下祸根，但是对于与此事无关的部分，不要轻率地去伤害，伤害了就闯祸。

张仪接着就指出秦国当时的近代历史：

> 秦与荆人战，大破荆，袭郢，取洞庭、五都、江南，荆王亡奔，走东伏于陈。当是之时，随荆以兵，则荆可举，举荆则其民足贪也，地足利也，东以强齐、燕，中陵三晋，然则是一举，而伯王之名可成也，四邻诸侯可朝也。而谋臣不为，引军而退，与荆人和。今荆人收亡国，聚散民，立社主，置宗庙，令帅天下西面以与秦为难，此固已无伯王之道一也。

这一段是批评秦国的不对，军事策略上的错误，他说你们一度和荆国作战，破了荆国，拿下了郢——现在武汉以北一带，取下了洞庭、五都、江南，一直到达现在安徽这一带了，荆王也逃亡躲到陈国不敢出来了。当这个时候，如果秦国一路追击下去，则整个荆国可以拿下来，拿到了荆国，则秦民可贪，地可利。进而影响东面的齐国、燕国都可以控制了。中间可以驾凌赵、魏、韩等三晋地，你秦国就可以一战下来称霸世界。以现在来比，等于当年朝鲜战争麦克阿瑟的主张，打垮朝鲜，通过鸭绿江，继续前进，是同样的观念。结果你秦国的决策不这样做，反而引军而退，打有限度的胜仗，跟荆人谈和了。结果，荆人又慢慢恢复了，强起来了，又变成了你秦国的敌人，所以第一个错误就犯下去，不能做联合国的盟主——成伯。

研究这一段书，我们就感到，历史虽然已为陈迹，却足以发人深省。我们读这一段历史，再看看国际的现势，美国对朝鲜、对北越的战争，在军事策略上是不是也同样。

他讲秦国的第二个错误：

> 天下有比志而军华下，大王以诈破之，兵至梁郭，围梁数旬，则梁可拔。拔梁则魏可举，举魏则荆赵之志绝，荆赵之志绝则赵危，赵危而荆孤；东以强齐燕，中陵三晋，然则是一举而伯王之名可成也，四邻诸侯可朝也。而谋臣不为，引军而退，与魏氏和。令魏氏收亡国，聚散民，立社主，置宗庙，此固已无伯王之道二矣。

我们拿这一段历史的经验，看看今天的越南（时为一九七五年四月），又投降了。张仪说，你秦国有一次在北方的战争，已经打得很好，你已经打到了梁国，把梁的城郭包围起来，已经可以把它拿下来了，拿了梁，魏国就站不住了，得到了魏国，荆、赵就不会有斗志。赵危，荆孤，一直下来，也可以称霸天下（这要注意，没有说统一，不像后来秦始皇要消灭人，这里是只想称霸）。结果你秦国的谋臣又是不准打完全胜利的战争，撤兵回来，和魏国讲和，魏国又壮大起来。

第三点，张仪谈到秦国的内政：

前者穰侯之治秦也，用一国之兵，而欲以成两国之
功。是故兵终身暴灵于外，士民潞病于内，伯王之名不
成，此固已无伯王之道三矣。

张仪说穰侯（秦国的权臣）当政的时候，内政上兵力用
得太过分，想用一国的兵力完成两国的事，于是服兵役的人，
终身奔波于外，国内的工商业衰落了，农村破产，这是第三点
的错误。

接着指出秦国的谋臣太差劲，如美国的参、众两院，基辛
格、费正清这些人，都是美国现代的策士。

赵氏，中央之国也，杂民之所居也。其民轻而难用，
号令不治，赏罚不信，地形不便，上非能尽其民力，彼固
亡国之形也，而不忧民氓，悉其士民，军于长平之下，以
争韩之上党，大王以诈破之，拔武安。当是时，赵氏上下
不相亲也，贵贱不相信，然则是邯郸不守，拔邯郸，完河
间，引军而去，西攻修武，逾羊肠，降代、上党，代三十
六县，上党十七县，不用一领甲，不苦一民，皆秦之有
也。代，上党不战而已为秦矣，东阳河外不战而已反为齐
矣，中呼池以北不战而已为燕矣。然则是举赵则韩必亡，
韩亡，则荆、魏不能独立，荆、魏不能独立，则是一举而
坏韩，蠹魏，挟荆，以东弱齐燕，决白马之口以流魏氏，
一举而三晋亡，从者败，大王拱手以须天下，遍随而伏，
伯王之名可成也。而谋臣不为，引军而退，与赵氏为和。
以大王之明，秦兵之强，伯王之业，地尊不可得，乃取欺

于亡国，是谋臣之拙也。且夫赵当亡不亡，秦当伯不伯，天下固量秦之谋臣一也。

赵氏是现代河北山西一带靠北面的地方，在当时是中央之国，杂民之所居，这问题很大，讲到历史要特别提出来研究的。

杂民所居的地方，政治上很成问题，如历史上自汉朝以后，有一个魏晋南北朝，这时都是外来的民族。因为汉朝自高祖以来，三四百年间，对西北的外来民族，始终没有办法，因此形成了以后南北朝两三百年间汉族与外来民族的纷争。到了唐代的时候，唐太宗那样了不起的人，对于边疆问题没有办法解决，汉唐两代，对外来民族，唯一的办法，就是靠通婚来羁縻，都是靠"和番"政策。所以唐末直到后来五代的时候，就是杂民之所居，发生了变乱。

那么是不是杂民所居不可以？不是不可以，血统的交流不是不可以。问题在于有很重要的一点，古人始终不知道的，在孔子的思想里有这一点，不过表达得不很具体，就是"文化的同化"这点古人不知道。假使唐代就知道了文化是政治战的一个最大的力量，那中华民族今天的国势，还不止是这样而已，很可能西面已经到了欧洲。其次要注意的，近代东西方文化思想沟通以后，大家都知道了这一点，所以各国之间，在侵略别国以前，先作文化的侵略，最后消灭一个国家，也是靠文化。像第二次世界大战时，日本人知道了这一点，所以他每占领了一个地方，一定要当地人说日本话。他不像元朝的蒙古人，也不像汉代、唐代的外来民族，进了中国跟着说中国话，乃至把历史文化都改变。文化虽是看不见的东西，但是力量很大。现在我们知道战争中包括心理战，也非常重要，文化战还是口号，没有具体的东西拿出来，尤其现在我们在提倡文化复兴，我个人的观点，我们的文化是在衰落。像我们手边拿来研究的东西，就是真正中国文化之一，而且是非常有用的，但是却只有少数人去看它。

这是由"杂民之所居"一句所引出来的感想，提出来值得大家研究和注意的。

张仪在当时讲到"杂民之所居"的地方，"其民轻而难用"，这句话又引起我一个感想，希望大家要读一部书——《读史方舆纪要》，里面对每一省、每个地方的民风习性讲得很清楚。山川形势、风俗产物，都很详尽，现在也没有脱离这个范围，很值得注意。在政治作战、心理作战、文化作战上，非常值得参考。

张仪这里讲的所谓"轻而难用"，就是豪迈，容易冲动，一句话不合就打起来了。在这种地方，就要了解他们这种民风习性，这并不是他们的缺点，如果摸清了他们这种个性，政治上就好办了，像杂民所居的这种地方，有时候专谈法治很难办的，他们往往讲义气，话说对路了，人做对了，他就听你的，如果全跟他谈法，不一定好办。

他再分析赵国的地形也不便利，是亡国的地形，可是赵国在这么不利的情形之下，仍旧出兵打仗（例如后来秦国大将白起与赵国长平之役，坑赵卒四十万的故事）。张仪所讲这一段都是讲当时秦国的政策，批评秦国当时的这班谋臣没有尽心负责任。他继续说：

乃复悉卒，以攻邯郸，不能拔也，弃甲兵怒，战栗而却，天下固量秦力二矣。军乃引退，并于李下，大王又并军而致与战，非能厚胜之也。又交罢却，天下固量秦力三矣。内者量吾谋臣，外者极吾兵力，由是观之，臣以天下之从，岂其难矣！内者吾甲兵顿，士兵病，蓄积索，田畴荒，囷仓虚；外者天下比志甚固，愿大王有以虑之也。

一口气批评下来，结论说到外面的人，看你内在的谋臣，外在的兵力，到底有多大力量，都看得清清楚楚，现在你国内是这样的情势，而各国又联合起来，你秦王应该多多考虑了。

然后张仪提出建议，先以武王伐纣的历史经验来作比方。说动秦惠王，最后的结论，竟以自己的头颅来坚定秦惠王的信心，可见他的会说话，也可见他用心之深和求信之急了。

且臣闻之，战战栗栗，日慎一日，苟慎其道，天下可有也。何以知其然也？昔者纣为天子，帅天下将甲百万，左饮于淇谷，右饮于洹水，淇水竭而洹水不流，以与周武为难。武王将素甲三千，领战一日，破纣之国，禽其身，据其地而有其民，天下莫不伤。智伯帅三国之众，以攻赵襄主于晋阳，决水灌之，三年城且拔矣。襄主错龟数策占兆，以视利害，何国可降？而使张孟谈，于是潜行而出，反智伯之约，得两国之众，以攻智伯之国，禽其身，以成襄子之功。今秦地断长续短，方数千里，名师数百万，秦国号令赏罚，地形利害，天下莫如也。以此与天下，天下可兼而有也。臣昧死望见大王，言所以举破天下之从，举赵，亡韩，臣荆、魏，亲齐、燕，以求伯王之名，朝四邻诸侯之道，大王试听其说，一举而天下之从不破，赵不举，韩不亡，荆、魏不臣，齐、燕不亲，伯王之名不成，四邻诸侯不朝，大王斩臣以徇于国，以主为谋不忠者。

现在把苏秦、张仪这两篇东西作一个结论。我们重复提出要特别认识清楚的一个重点：苏秦、张仪当时的动机，是以自己个人的功名富贵为出发点，而把整个的列国局面，历史的时代，在他们两位同学的手里摆布了约二三十年。他们并没有一个中心思想或政治上的主义。同时也可以说，当时一般领导人，并不接受任何中心思想或主义，对于道德仁义的中心思想都不管了，只认识利害关系。这一点对我们现在来说，是一个历史的经验，要特别注意。中国几千年历史，一个乱象，到了像战国的末期，像南北朝的末期，像五代的末期，仁义道德没有办法发挥作用，没人接受，这是什么原因？当然有它的道理，譬如《孟子》，大家都读过的。孟子不过比苏秦、张仪早一点点而已，为什么孟子到处讲仁义，到处吃瘪？为什么苏秦、张仪会那么吃香？这样比较下，就产生两个观点，在个人方面，我们就看到了孔子、孟子的伟大，他们对于苏秦、张仪的这一套不是不懂，他们全懂，可是始终不愿意引导人家走上这条路，始终要求人家讲基本的德性，并不在乎自己个人当时的荣耀，这是孔、孟个人的了不起。第二点，我们看出了，当时的时代为什么需要苏秦、张仪的这一套，这就讲到我们本身。我们现在两副重担挑在身上，一面要维持自己传统文化的德业，政治的道德，人伦的道德，承先启后，这是一副担子。

116

另一方面是要如何配合这个时代的迫切需要，而这个需要是讲利害的，但在利害之中，要灌输进去我们固有的道德文化思想，这就是我们今日的处境，是一个非常困难的处境，也许在一两百年以后的历史上，会写我们非常了不起的好处，因为我们今日所挑的担子，比古人挑的还要重，还要困难。所以我们读了苏秦、张仪两人的传记资料，了解了他们当时的历史，拿来比较今天，就知道今天有如何的困难。因此大家有时间，不妨多读《史记》《战国策》这一类书，不要以为这是古书，已经过了时。如果不变成书呆子，在碰到事情的时候，发挥起来，非常有用处，透过了古书，更有助于现代情况的了解和进展。

长短纵横

上面讲到苏秦、张仪的纵横术，我国古代，看不起它。在中国古代称用"术"的人是术士，并没有被列入正式学者之流。现代却什么都是术了。

纵横术，也名钩距之术，又名长短术。这种"术"的原则和精神，是我们今日所处的这样国际局势之中，所需要了解的。我们今日的外交，一切工作，都必须有这样的精神和才具，抓得住别人的弱点，然后达到自己的目的，这是一个很高深的本事，可以说比做生意还难。昨夜看了一本书，里面记载一段清朝的掌故说，山西有一户很会做生意的人家，有次有一个顾客在讨价还价，争执得很厉害，老板被逼得都生气了，便说："天下哪有一本万利的生意？要想一本万利，就回去读书吧！"这人一听这个话的确有道理，就立刻回去培养儿子读书，后来果然他子孙好几代都是很有才具的大臣，由这个故事的幽默感，也可以联想到纵横术是相当难的。

今天，我们用的资料是《长短经》，这本书大家也许很少注意到它，作者是唐朝人，名赵蕤，一生没有出来做官，是一位隐士。有名的诗人李白，就是他的学生。如果研究李白，我们中国人都讲李白、杜甫是名诗人，实际上李白一生的抱负是讲"王霸之学"，可惜他生的时代不对，太早了一点。唐明皇

118

的时代，天下是太平，到天下乱时，他已经死了，无所用处。赵蕤著的是《长短经》，就是纵横术。这一本书在古代，尤其在清朝几百年间，虽然不是明禁，因为是古书，没有理由禁止，可是事实上是暗禁的书，它所引叙的历史经验，都是到唐代为止。后来到了宋朝，《素书》就出来了，以前也有，但宋朝流传下来的《素书》是否即是汉时的原版，无从证明。到了明末清初，另一本书《智囊补》出来了，作者冯梦龙是一位名士，把历史的经验都拿出来了。我们如把《左传》《国语》《战国策》《人物志》《长短经》《智囊补》，以及曾国藩的《冰鉴》等等，编成一套，都是属于纵横术的范围以内。长短之学和太极拳的原理一样，以四两拨千斤的本事，"举重若轻"，很重的东西拿不动，要想办法，掌握力的巧妙，用一个指头拨动一千斤的东西。

人臣之道

　　这里是自《长短经》中摘录出来的一篇：《臣行第十》，就是如何做一个很好的大臣，换句话说如何做一个很好的干部。《长短经》里也有"君道"的论述，我们暂时保留。像最近很多人喜欢读《贞观政要》，里面记载唐太宗当年治国的历史经验，它的重点属于君道，是给皇帝的教科书，要他知道如何做一明君，所以望之不似人君的我们，还是先由臣道开始，把臣道学好。

　　这个臣行，所培养的干部，可以说是最高的干部，拨乱反正的干部。他先把臣道分类来讲，正臣六类，邪臣六类，相互作对比。

六种正臣的典范

夫人臣萌芽未动，形兆未现，昭然独见存亡之机，得失之要，豫禁乎未然之前，使主超然立乎显荣之处。如此者，圣臣也。

他分类出来的第一种是圣臣的典型，如《素书》里的讲的伊尹、姜尚、张良这些人，都可算是圣臣。这里圣臣在上古属于三公之流，坐而论道之事。他们的位置最高，等于现代国家最高的顾问。没有固定的办公室，也没有固定管哪个部门，所谓"坐而论道"，并不是坐在那里玩嘴巴吹牛，他们的行为就是本节所讲的"萌芽未动"这几句话。天下一切大事，像植物一样，在还没有发芽的时候，态势还没有形成的时候，那就已经很明显地洞烛机先，知道可不可以做。做下去以后，存亡、得失的机要，都预先看得到，把握得住。在火烧起来之前就预先防止，使他的"老板"——领导人，永远站在光荣的这一面，能够做到这样的，堪称第一流的干部，叫作圣臣。在历史上这种第一流的干部，都是王者之师。

虚心尽意，日进善道，勉主以礼义，谕主以长策，将顺其美，匡救其恶。如此者，大臣也。

　　其次是自己很谦虚，每天帮助领导人做好事，贡献他宝贵的意见，这种古代称为"骨鲠之臣"，骨头硬的大臣，自己马上被免职没有官做没关系，但主要的在使领导人走上好的这一面，领导人不对的，就是说不对，历代都有这种大臣。宋太祖之初有一位大臣去看皇帝，当时皇帝穿了睡衣在宫里，他就背过身子，站在门外不进去，皇帝看见他站在门外，教侍卫去问他为什么不进去，他说皇上没有穿礼服，一句话把皇帝整得脸都红了，赶快去换了代表国家体制的礼服出来接见他。虽然这只是一件小事，但这种骨鲠之臣则绝不马虎，因为皇帝代表了一个国家。在清朝的实录里就讲到，康熙自七岁登基，六十年的皇帝当下来，一天到晚忙得不得了，即使他一个人在房里的时候，也从来没有把头上戴的礼帽摘下来，自己就如此严格管理自己。所以一个真正好的领导人，对待自己非常严格，这是很痛苦的事，自己如果克服不了自己，而想征服天下，是不可能的。这里讲到的大臣，对领导人要"勉主以礼义"，要劝勉老板守礼行义。"谕主以长策"，告诉老板要眼光看得远，作长久的打算，使他好的地方更好，坏的地方改掉，这个样子，叫作大臣。

　　　夙兴夜寐，进贤不懈，数称往古之行事，以厉主意。如此者，忠臣也。

　　其次，是为国家办事，睡都睡得很少，起早睡晚，同时要"进贤不懈"，这情形历史上很多，就是推荐人才。这件事在中国古代很重要，一个大臣如果不推荐人才，是不可以的。这一点就可以看到中国文化的政治道德，前辈大臣是用各种方法来培养后辈，予以推荐，而且有好人才就推荐，不可松懈停顿。"数称往古之行事，以厉主意。"过去的大臣，都是深通历史，如司马光，著有《资治通鉴》，但他也是大政治家。他有一度被贬回家，后来皇帝有许多事情，要找他去谈，他接到命令进京，到了京城——洛阳的城外，洛阳的老百姓听说司马相公蒙皇帝召见进京，大家高兴得跑到郊外去排队欢迎他。司马光看见这情形，问明白了原因，立刻往回走，不进京了。这就是太得众望了也不好，这就是司马光做人小心的地方。同时，也就是中国文化与西方文化不同的地方，当荣耀来的时候，高兴不要过头了，过头了就不好，花开得最好的时候，要见好便收，再欣赏下去，就萎落了。这里是说做大臣要深通历史，因为在历史上有很多的经验，可以引用来帮助领导人。

在清初，皇帝的内廷，有一个祖宗的规定，皇帝每天早晨起来，一定要先读先朝的实录，他们祖先处理政事的经历。可见历史的经验，有如此重要，不管读得多熟，每天要读一下，以吸收经验，启发灵感。随时以自己历史的经验来辅助皇帝的才是忠臣。

> 或问袁子曰：故少府杨阜，岂非忠臣哉？对曰：可谓直士，忠则吾不知。何者？夫为人臣，见主失道，指其非而播扬其恶，可谓直士，未为忠也。故司空陈群则不然，其谈话终日，未尝言人主之非，书数十上而外不知，君子谓陈群于是乎长者，此为忠矣。

这里是以附注的形式，对"忠臣"作进一步的阐述。他说，有人问袁子说故少府杨阜不是忠臣吗？而他答复说，像杨阜这样的人，只能称直士，他行直道而已，算不得忠臣。杨阜是三国时的魏人，因打马超时有功，封为关内侯，魏明帝的时候又升了官，这人有一个抱负，历史上写他"以天下为己任"，也就是说，"天下兴亡，匹夫有责"的意思。因此历史上写他"敢抗疏"三个字。"疏"就是给皇帝的报告，"奏议"是建议，"奏疏"是与皇帝讨论问题，"抗疏"就是反对皇帝的意见。杨阜是常常提抗疏，上面收到他这些意见，看是看了，但往往不大理，他看自己的意见不被采纳，就提出辞官，但没被批准，上面还是认为他很好。历史上有一件故事，有一天他看到魏明帝，穿了一件便服，而且吊儿郎当，就很礼貌地告诉魏明帝，穿这样的衣服不合礼仪，弄得皇帝默然，无话可说，回去换衣服。还有魏明帝死了一个最疼爱的女儿，发丧的时候，魏明帝下命令表示自己要送丧，这一下，杨阜火了，他抗疏说先王和太后死了，你都没有去送丧，现在女儿死了要送丧，这不合礼。当然杨阜的话是对的，魏明帝到底是人主，并没有理他的反对意见。在历史上这类故事很多。

《长短经》中，在这里借用他，对忠臣的意义，做一个阐述。他说像杨阜这样的人，可称为是一个直士，很爽直，有骨气，但还不够算作忠臣。什么理由？作为一个大臣，发现领导人错了，当面给他下不去。虽然指出他的不对是应该的，但方法有问题，结果是自己在出风头而已。有如和朋友在一起，在朋友犯错时，要在没有第三者在场时，私下告诉他，不能当别人的面前说出来，给他下不去。而魏朝的另外一个大臣，司空

陈群这个人，是非常有名的，学问、道德样样都好。所以研究
三国时的历史，魏曹操父子之能够成为一个正统的政权而维持
了那么久，不是没有理由的。从另一个角度看，很有他的道
理。在曹操父子的部下里头，有很多了不起的人。像陈群就是
有名的大臣，他就有忠臣的风度，他和高级的人员在一起的时
候，从来不讲上面领导人的错误，只是直接"抗疏"，送报告
上去，指出哪点有错误，哪点必须改。但是他上了几十个奏
疏，有的是建议，有的是批评，而他的朋友同僚都不知道他上
了疏，自己绝对没有自我表扬。所以后世的人，都尊陈群是一
位长者——年高，有道德，有学问，有修养，厚道的人，这才
是真正的忠臣。像杨阜只是行道的直士。其实，不但对领导人
应该这样，就是对朋友，也应该这样。

　　明察成败，早防而救之，塞其间，绝其源，转祸以为
福，君终已无忧。如此者，智臣也。

　　智臣在现代的说法，是有高深的远见，成败祸福，事先看
得到，老早防着它的后果而采取适当措施。一个政策下来，只
看成功的一面，一旦失败怎么办？要早防而救之。塞其间，间
就是空隙。处理任何一事都必须顾虑周全，即使有百分之百成
功的把握，总难免其中有一个失败的因素，就要"早防而救
之"，先把漏洞堵塞掉，把失败的因素消灭了，把祸变成福，
使上面领导的人，没有烦恼、痛苦、愁闷。这就叫作智臣。

　　依文奉法，任官职事，不受赠遗，食饮节俭。如此

者，贞臣也。

再其次，就是负责任，守纪律，奉公守法，上面交给任务，负责做到，尽自己的力量，不贪污，乃至送礼来都不受，生活清苦简单，这种人是贞臣，廉洁之至，负责任的好公务员。

> 国家昏乱，所为不谏，敢犯主之严颜，面言主之过失。如此者，直臣也。

国家在昏乱的时候，对上面不拍马屁，不当面恭维，而且当上面威严得很，生气极了，谁都不敢讲话的时候，他还是敢去碰，当面指出上面错了的事，这样就是直臣。

"是谓六正。"他首先提出来，圣臣、大臣、忠臣、智臣、贞臣、直臣这六种干部，叫作六正。

恕臣之道

桓范《世要论》，桓范是南北朝时代的人，他的著作中有一篇文章题为《世要论》，属于纵横术中的一部分，也是人臣的学问，所以讲中国文化，我觉得尤其在这个拨乱反正的时代，统一中国的今天，这一部分很重要。这个时代，不是完全讲四书五经，坐以论道的时候。当然我们需要以道德为中心，但是要知道做法，而这些做法多得很，可惜现在外面一般人都不研究。在这里，就引据了《世要论》的话，应认清楚干部。桓范《世要论》曰：

臣有辞拙而意工，言逆而事顺，可不恕之以直乎？

有些干部不会讲话，讲出来不好听，可是当主管的要注意，他嘴巴笨讲不出来，而他的主意可好得很，不要对那个嘴巴笨的干部火大而不去听，这就错了，就有些人一肚子好主意，可是嘴笨讲不好，而且他讲出来的话，好像比毒药都难吞下去，让人听了难受得很，开口就是："不行！不行！"可是他的意见，对事情非常有利，这就要领导人有高度的修养，对这种干部要了解清楚。要有体谅人的修养，了解他虽然不会讲话，心是好的，也是直的。

　　　臣有朴骏而辞讷，外疏而内敏，可不恕之以质乎？

　　天生人物，各个气质不同，秉赋不一样，有种人朴实得好
像永远是乡巴佬的样子，有一点近乎十三点的样子，但不是十
三点，大约只是十二点半。想想他真可爱，很朴实，但有时做
人又多了那么半点，但不是坏事，讲话时嘟嘟嚷嚷讲不清楚。
这样的人，看他的外表没有什么了不起，而脑子里聪敏得很。
当主管的人，对于这种人，就要了解他本质淳朴、聪敏的
一面。

　　　臣有犯难以为上，离谤以为国，可不恕以忠乎？

　　这两句话所指的，在历史上的故事也很多，就是冒险犯
难，临危授命，可以拨乱反正的人才。如现代史上，在二次世
界大战初，希特勒横征欧非，把世界扰乱得那么严重的时候，
英国人最初对邱吉尔不敢任用，因为邱吉尔是有名的"流氓"
作风，闹事专家，但是最后抵抗希特勒，还是靠邱吉尔，实际
上邱吉尔就是"犯难以为上"的人。有些人天生的个性，喜
欢冒险犯难。越困难就越有兴趣去干，教他做平平实实、规规
矩矩的公务员，办没有什么大困难的事，他懒得干。"离谤以
为国"，为了国家，可以忍受一切的毁谤，大家都攻击他，他
也不管。历史上唐、宋、元、明、清历代开国的时候，都有这
样的人物。像有许多人，被派到前方去艰苦中作战，后方还有
人向上面密报，说他的坏话。有些精明的皇帝，接到这种报
告，连看都不看，原封不动的，加一个密封，寄到前方去给他

自己看，也就表示对他信任，恕之以忠。

　　臣有守正以逆众意，执法而违私欲，可不恕之以公乎？

　　许多人非常公正廉明，但有时候公正廉明却受到群众强烈的反击。像当年在成都开马路的时候，就发生这种事，当时群众认为破坏了风水，大家反对，地方的势力很大，所谓五老七贤，出来讲话，硬是不准开。某将军没有办法，请五老七贤来吃饭，这边在杯酒联欢吃饭的时候，那边已经派兵把他们的房子一角拆掉了，等五老七贤回家，已经是既成事实。随便大家怎么骂法，而事情还是做了。等到后来马路修成了，连瞎子都说，有了马路走路都不用拐棍了。天下事情，有时要改变是很难的。有时必须守正以逆众意，违反大众的意思坚持正确的政策。要有这个担当。这就要谅解他这样是为了长远的公利，也有的时候，在执法上违反了自己的私欲，宁可自己忍痛牺牲，这都是难能可贵的。

　　臣有不屈己以求合，不祸世以取名，可不恕之以直乎？

　　有些人的个性倔强，要想教他委屈他自己的道德准则，违反他的思想意志，而去迎合某一件事，他死也不干。还有一种"不祸世以取名"这也是很难的，几十年来现实的人生经验，很少看到这种人。如果做一件事，马上可以出名，个人可以成功，可是，结果将会为后世留下祸根，那么他宁可不要成这个名，而不做这种事。要了解这种人是直道而行的操守。

> 臣有从仄陋而进显言，由卑贱而陈国事，可不恕之以难乎？

有些人地位很低，可是他有见地，古今中外，这样被埋没的人很多。往往这类人提建议时，中间阶层的人说他越级报告，非把他开革了不可。实际上有的人路子很窄，地位也不高，也没有名声，但能进贤言，有很好的意见提供给领导人，虽然他的地位很低，是一个很普通的人，而所提的意见，都是忠心为国。对于这种人，做领导人的要注意，这是难能可贵的。

> 臣有孤特而执节，介立而见毁，可不恕之以劲乎？

这个"劲"就是"节"，古代往往两个字连起来，"劲节"成为一个名词。每以竹子来象征，因为竹子是虚心的，笔挺的，有些人个性孤僻，不喜欢与同事、朋友多往来，有特殊个性与才能。大约有特别长处的人，都有特别的个性，看来很孤僻，这种人也有他的操守，不随便苟同，超然而独立，可是这种人，容易遭到毁谤，当主管的就要了解这种人是有特别节操的。

> 此七恕者，皆所以进善也。

　　上面曾经说了有六种正派一面的干部，这里就说到，当主管做领导人的，要对部下了解、体谅的七个恕道。换言之，做主管的如果不具备这七种恕道，就不能得到这六正的干部。这点我们要注意了。人们常说历史上的人才多，现在的人才少，并不尽然。正如曾国藩以及历代许多名臣都说，每个时代到处都有人才，第一在自己能不能赏识，第二在自己能不能培养。即使是人才，也还要加以培养。没有好的环境和有利的条件，才干发挥不出来，人才也没有用。所以六正与七恕，是君臣两面共修之道。

反派臣道的型态

下面是另外一路的几种臣道：

> 安官贪禄，不务公事，与事沉浮，左右观望。如此者，具臣也。

这里的具臣，和《论语》中所讲的具臣又两样了。这里说，有些人规规矩矩，安于那个官位，只要不出毛病，反正拿薪水，对于公事都办，但并不特别努力，随着时代的潮流，沉就跟着沉，浮就跟着浮，对现实把握很牢，随世俗走，这样也可以，那样也可以，现代的名词，"水晶汤圆"就是这种人，又透亮，又滚圆。这种人只是凑凑数的，聊备一员而已。

> 主所言皆曰善，主所为皆曰可，隐而求主之所好而进之，以快主之耳目，偷合苟容，与主为乐，不顾后害。如此者，谀臣也。

拍马庇这一类的，历史上这种人也很多，近代史中最著名的，有清朝的和珅，乾隆皇帝的嬖臣，就是这样。对上面光是："好的！是的！"这还不算，肚子里还在打主意，隐隐地，暗暗摸清主管的毛病，爱好在哪里，然后投其所好，这种投其所好的人，也有他们的一套，一般人很难做到的。譬如说，一位主管，什么都没兴趣，就是好读书，于是谀臣这一型的人，也会装着好读书。所以上面仁义道德，下面满堂都仁义道德。《韩非子》里就有这样的故事。齐桓公最讨厌紫色的衣服，他问管仲该怎么办，管仲说这很简单，你明天开始，见到穿紫衣服的走到面前，你就说臭得很，教他走远一点，这就行了。齐桓公照样做了，一个月以后，全国都没有穿紫衣服的人。所以我们读书要注意，一般人常引用曾国藩的话，社会风气的转变，在一二人的身上。但要知道这一二人不是你我。社会风气就是如此。因此上面好什么，下面跟着就是什么，这是非常大的力量。这一类的人，只是讨好领导人而已，偷偷摸摸，不走正道，专门巴结主管，往往因此害了这位主管，他也不管。这就叫作谀臣。

> 中实险诐，外貌小谨，巧言令色，又心疾贤，所欲进则明其美，隐其恶；所欲退则彰其过，匿其美，使主赏罚不当，号令不行。如此者，奸臣也。

这一段说到奸臣了，很明显地说奸臣内心里非常阴险，外表上看起来则小心谨慎，规矩得很。从历史上看到，成功地做一个奸臣还很不容易。如历史上说秦桧杀了岳飞，哪里是秦桧杀的，宋高宗本来就讨厌岳飞，秦桧只是迎合宋高宗的意思，代高宗承罪而已。大家都知道岳飞的口号："直捣黄龙，迎回二圣。"这是岳飞不懂宋高宗的心理，以为直捣黄龙就可以

了。迎回二圣以后，宋高宗怎么办？二圣一个是他父亲，一个
是他哥哥，二圣回来，宋高宗还当不当皇帝？第二点，岳飞当
时才三十多岁，年纪太轻，偏要涉及内政。当时宋高宗还没有
立太子，而岳飞天天催高宗立太子，这在高宗的想法，认为你
岳飞希望我快死吗？而且这是我赵家的家务事，你在外面好好
打你的仗就行了。可是岳飞偏要回来管这件事，固然岳飞是了
不起的人物，书也不能说读得不好，但是人生经验到底不够，
他的老师硬是没有教好他，这是"批其龙鳞"的事，不可以
做的。秦桧就知道宋高宗这个心理，更主要的是两个政策思想
不同，一个主战，一个主和，作风上不同，而岳飞遇害了。所
以一个人要贯彻一个思想，很不容易。奸臣就是心存阴险，看
起来很小心，很会说好听的话，态度上讨人喜欢，而最严重的
是忌贤，好人他都妒忌，他要提拔的人，专门在领导人面前说
他的好处，隐瞒他的缺点。对于真正的人才，他就在领导人面
前，不表示意见，冷冷的态度。点点滴滴造成坏印象，就够
了。结果使上面的赏罚不当，该赏的不赏，甚至反而罚了，该
罚的没有罚，反而赏了，于是命令下去不能贯彻。这一类的，
就是奸臣。

> 智足以饰非，辩足以行说，内离骨肉之亲，外妒乱于
> 朝廷。如此者，谗臣也。

谗臣和奸臣很相近，嘴巴坏得很，这种人很多，他的知识
渊博，学问好，错了的事，他总有办法，或者以言词理论，或
以行为动作，把错处掩饰过去，很会说话，硬能把人说服。而

且他的才智论辩，可以把人家兄弟、父子之间，家属的感情离间，同事相处，也挑拨离间，破坏感情，这是谗臣。

> 专权擅势，以轻为重，私门成党，以富其家，擅矫主命，以自显贵。如此者，贼臣也。

像王莽一流，历史上一些篡位的臣子，最后都到了这个程度，这种人就玩弄权了，用他的势力，可以颠倒黑白，以轻为重，自己结成党派，专门搞自己的事，乃至下假的命令，以达到自己的显贵，这种人就叫贼臣。

> 谄主以佞邪，坠主于不义，朋党比周，以蔽主明，使白黑无别，是非无闻，使主恶布于境内，闻于四邻。如此者，亡国之臣也。

第六种是亡国之臣，他帮助老板走上坏路，把错误都归到老板一个人的身上，实际上是部属大家的错误。这一点，由历史、人生的经验看，是非很难讲，公务员没有把事情做好，而老百姓都骂领导人。做领导人的确很可怜，下面常常陷主于不义，任何时代都是如此，工商时代也如此，这是一般人类的心理，很自然的，没有办法，这类人是亡国之臣。

"是谓六邪"，这种具臣、谀臣、奸臣、谗臣、贼臣、亡国之臣等是六种邪臣，不是正道的干部。

防邪之道

下面再引证桓范的《世要论》。

> 臣有立小忠以售大不忠，效小信以成大不信，可不虑之以诈乎？

用人之难，人心之险诈，有些人小事忠得很，但他是借此达到另外一个大不忠的目的。有些人小信一定好，而他是要完成他的大不信。所以要顾虑到，是不是真正的险诈。不过话又说回来，从历史、人生的经验上看，有许多人他的才具本事，也是做小事一定尽忠，绝不施诈，并没有存心骗人，也不是为了什么大的反叛目的，这样做了多少年，可是一把他放到大的职位上去就完了，他就不忠了。于是别人说此人施诈。但在我的看法不同，这是主管对于人才的看法没有深切的了解。这种人在小位置上忠心，到了大位置上并不是不忠心，而是受环境的包围，于是变坏了。这不是他诈不诈的问题，而是他这材料不够坐那个大位置，等于很好的小吃馆子，如果要他办酒席大菜就完了。还有就是年龄的关系，这就是孔子的话，人老了"戒之在得"，年老了样样想抓，这个"得"字就出了毛病。这不能说他在年轻时的作风就是假的，因为年轻人不在乎，觉得自己还有前途，来日方长，有的是机会，所以就不至于贪得，年纪大了的人，觉得在世的日子短了，先弄一点到手吧，这一来就完了。这就是心理的问题。讲修养，就是要把这种心理变化过来，能有这个气质的变化，这才是真本事、真修养，这也并不容易。所以关于这一点，我对于古人的这个观点，还是不同意，因为它讲的是道理，没有研究人的心理。人的心理，是跟着空间、时间在变更的。一个人真能修养到自己的心理、思想，不受环境的影响，不因空间、时间的变动而跟着变动，才称得上是第一等人。但是世界上的人都做了第一等人，那第二等人谁去做呢？（一笑）

> 臣有貌厉而内荏，色取仁而行违，可不虑之以虚乎？

这是说有些干部在外表上看，脾气很大，冲劲也很大，可是内在没有真胆识，有些人在态度上看起来非常仁义，而真正的行为，却与仁义相违背，就是说有的人在平日看起来，是蛮仁义的，但是真到了义利之间的关键头上，要做一决定时，他就变得不对了。所以当主管的人，对干部的看法、考核，要顾虑到是不是表里如一，脚踏实地。

> 臣有害同侪以专朝，塞下情以壅上，可不虑之以嫉乎？

这个情形很多的，人类嫉妒的心理是天生的，一般人所谓的吃醋，好像男女之间相爱，女性的妒忌心特别容易表现，所以一般都说女性醋劲最大，其实男性吃醋比女性更厉害，而且不限于男女之间，男性往往发展到人事方面，诸如名利之争、权势之争等等。譬如有些人名气大了，就会有人吃醋，有的人文章写得好了，就会有人吃醋了，字写得好了也吃醋。乃至于衣服穿得好了，别人也会吃醋，甚至两人根本不认识，也吃醋。这是什么道理？这是高度的哲学和心理学，嫉妒是人与生俱有的劣根性。

不论上面领导的人，或者做人家干部的人，对于这些都要知道的。人的心理，是这个毛病，有些人欢喜打击同事，自己专权，于是挡住了下面的情形，同时使下面也不了解上面的意思。这都是出于妒忌心理，才发生了这些情形。所以当一个领导人的，听到干部当中甲说乙的话，乙说甲的话，都不能偏听，而要尽量客观，要注意他们之间，是不是有妒忌的心理。

> 臣有进邪说以乱是，因似然以伤贤，可不虑之以谗乎？

挑拨、说坏话、害人的话就是谗言。这是古今中外一例的，譬如一个文人，尤其是学哲学、学逻辑的人，经常容易犯这个错误。逻辑学好了以后，非常会辩理，怎么样都说得对，死的可以说成活的，在理论上、逻辑上绝对通，但事实上不一定对。所以有些干部，能言善道，很有文才，很有思想，专门发表邪说。这段文字上看"邪说"两字，写在这里，明明白白，看起来很清楚，如果我们做了主管的时候，干部进邪说，不一定写文章，对于某件事情，他轻轻一句话，就听进去了，中了他的邪说，乱了真理，他用一种好像是对的道理，而伤害了好人。所以当领导人的，就要顾虑到，是不是有谗言的作用。

　　臣有因赏以偿恩，因罚以作威，可不虑之以奸乎？

　　有些专权的人，他对他的部下有赏赐，并不是公正的赏，而是自己与受赏的人有关系，故意卖恩情给他。譬如小的单位主管，有考核权的，对于自己喜欢的人，就多给他分数，对于所讨厌的人，尽管他有本事、有功绩，还是设法扣他的分数。"因罚以作威"，以示权威。赏罚基于私心，这一类，就是奸佞之人，不公正。

　　臣有外显相荐，内阴相除，谋事托公而实挟私，可不虑之以欺乎？

　　这种事情就很严重了，我们从历史上的政治中，常常可以看到，有些干部明明内心想要害某人，而表面上说某人的好话，但暗暗地把某人搞垮。谋事则冠冕堂皇，托之于公事上，实际上则挟了有私意，手段非常高明，这就是欺，古代所谓欺君罔上。我们看历史，这种悲惨的故事实在不胜枚举。

　　臣有事左右以求进，托重臣以自结，可不虑之以伪乎？

有些人，是靠领导人旁边最亲信的人，专走这个门路，服侍他们，搞得很好，由他们影响领导人，达到自己的目的。或者是找在领导人面前分量最重，言听计从的人，托他们的力量，结交他们，以巩固自己的权力与地位，这都是伪。

不过这种事，有时也很难定论，要看各人的运用。以近代史看，曾国藩、胡林翼就是走的这个路子，这是历史上的两段秘密，当然正史上没有记载，而这种野史的记载，是真是假，暂且不去管它。

据说，清咸丰皇帝，所以知道曾国藩的大名，在太平天国一起来的时候，就教曾国藩在湖南练湘军，是因为咸丰早就对他有了印象。最初曾国藩在京里做官的时候，是在礼部做一个小京官，大约等于现在部里的司长级，还是附员一类闲差。他知道一个汉人，在满洲人的政权里做官，非走门路不可，于是他结交了穆彰阿，两人感情很好，后来穆彰阿向咸丰保荐曾国藩，说他"胆大心细，才堪大用"。咸丰就答应了召见。后来果然咸丰在便殿召见曾国藩。他进去以后，便殿里空空的，什么都没有，只是在上首位置，有一把皇帝坐的椅子，下面是一个锦墩，太监带他进去以后，教他在便殿等候，他向皇帝的位置，行了三跪九叩首大礼以后，就规规矩矩坐在锦墩上等候，等了一个多时辰，皇帝始终没有出来，最后一位太监出来通知他，皇帝今天有事，改天再召见，曾国藩只好对着空椅子三跪九叩首以后回去了。回去以后，保荐他的穆彰阿马上问他情形。曾国藩报告了经过，亲王问他在便殿里有没有看见什么东西？曾国藩仔细回想，除了皇帝的座位和锦墩以外，的确没有另外看见什么东西。穆彰阿听后说："糟了！"赶紧跑进宫里，找到便殿当值的太监，送上红包。结果打听出来皇帝座位后面的墙上，挂了一张很小的字条，上面写的是"大清历代先皇圣训"。穆彰阿就回来告诉了曾国藩，而且告诉曾国藩，他向皇帝保荐的话是"胆大心细"四个字，胆大是不易测验的，除非教他去打仗，而心细则可测验的。果然过了几天，咸丰又召见曾国藩问起这大清历代先皇圣训的事，这时曾国藩当然答得不会含糊了。因而得到咸丰的赞许，把曾国藩的名字记下来，而曾国藩也由此因缘，成了清代的中兴名臣，这是野史上的记载。

第二件事，是胡林翼的故事。当时湖北的总督官文，是一个满洲人。清代的制度，因为始终有种族的观念，总督（相当现在的省主席）如果是满人，而巡抚（相当现代的保安司令）则是汉人。反正在省的一文一武两大首长，一定是一个汉人，一个满人。在调兵的时候，巡抚和总督，两人都要签名，光是一个人签名，则调不动兵，如此以为互相牵制。所以当时打太平天国，也很麻烦的。当时湖北的官文是一个糊涂虫。有一天官文的第五姨太太做寿，胡林翼听说是总督的夫人做寿，胡林翼身为巡抚，分嘱部下，不得不去，他本人虽然也可以不到，不过胡林翼还是去了。在总督衙门前，刚一下轿的时候，看到一个人身穿朝服，从里面出来，一脸怒容，上轿走了。胡林翼打听是怎么回事，人家报告，这位官员很有骨气，因为听见总督夫人生日，前来做寿，到了以后，知道只不过是五姨太的生日（当时多妻制，一人可以娶几个太太，但元配以外的姨太太，是没有地位，被人看不起的），所以没有进去拜寿，上轿就走了。大家称赞这位官员了不起，到底是读书人，有品格，有骨气！可是胡林翼把"马蹄袖"一抹，投了一张名卡，还是进去拜寿了。以胡林翼当时的声望名气，他亲自前往拜寿，官文和他这位最得宠的最小姨太太，都高兴得很。官文吩咐这个姨太太，第二天就去回拜胡林翼的老太太，拜胡林翼的母亲为干妈。从此以后，胡林翼打太平天国，就可随便调兵。像胡林翼这种人，绝对是正派的人，但是为什么这样做？这就是权术，没有办法不如此做，要想事业成功，有时候也不能呆板地拘小节，问题在动机如何？他的动机绝不为私。如果不用这个方法，敌人打到门口了，还调不动兵，怎么去打仗？所以在这种小事上马虎一点，反正母亲收了一个干女儿，总不吃亏。所以上面这句话："臣有事左右以求进，托重臣以自结，可不虑之以伪乎？"这句话，也不是呆板的，要看实际的情形，如何运用，动机何在而定。

　　　　臣有和同以谐取，苟合以求进，可不虑之以祸乎？

　　有干部"和同"，什么是"和同"？这两个字，本来出自老子的"和光同尘"，意思是说，一个修道的人，不要特别把自己标榜得了不起，要和普通人一样，你修道者的光明也和普通人一样。"尘"就是世俗人，社会一般人，尘世之间，大家都吃饭，而你一个人非要买包子吃，这又何必呢？将就吃一点就好了嘛。这本来是"和光同尘"的意思，可是道家这一思想，后来被引用，就变成"太极拳"——圆滑的观念了，人说白的是黑的，我也马马虎虎说是黑的，跟着乱滚，也被称作"和同"了。"取说"的"说"，通"悦"。"和同以取说"，指的是臣下为了讨好上司，便放弃做人的原则，做乡愿去了。这里是说，有些干部圆滑得很，"太极拳"马马虎虎应付一下，只要配合主管的要求，什么都来，只要对他自己前途有利的就干，这种心理发展下去将来就是一个祸害。到了利害关头，一点气节都没有，什么事都可以做得出来。

　　臣有悦主意以求亲，悦主言以取容，可不虑之以佞乎？

　　有的干部只做上面老板喜欢的事，专说老板喜欢听的话，以求得他欢心，取得他的亲信。这种就是佞臣。

　　上面是《长短经》作者，对桓范《世要论》的引述。一个领导人，在防恶上，应该注意考虑到的九种原则、九个顾虑，也是人物的分类，该注意到的。

　　读书千万不要被书所困，一切的运用全在自己。像这一类的书读多了以后，等于医学的常识丰富了以后，连一杯水都不敢喝，深怕有传染病；法律学多了以后，连一步路都不敢走，动辄怕犯法。而对于"九虑"这些东西看多了，连朋友都不敢交了。其实只要我们把握了大原则，相信少数人，不伤任何人，爱护所有人，凡事但求心安就好了。

忠奸之辨

下面是举很多实例了。

这是一篇大文章，但是古人写文章的分类，不像现在的观念，现在写文章的层次，往往是宗旨、要点、原则、引申，古人则大异其趣。

> 子贡曰：陈灵公君臣宣淫于朝，泄冶谏而杀之，是与比干同也，可谓仁乎？子曰：比干于纣，亲则叔父，官则少师，忠款之心，在于存宗庙而已，故以必死争之，冀身死之后，而纣悔寤；其本情在乎仁也。泄冶位为下大夫，无骨肉之亲，怀宠不去，以区区之一身，欲正一国之淫昏，死而无益，可谓怀矣！诗云：民之多僻，无自立辟，其泄冶之谓乎？

这里是子贡和孔子问答的一段话（这段话在四书五经里是看不到的，要在其他的书里去找，所以真要研究孔子思想是相当困难的，我们不要以为看了四书五经，就懂了孔子的思想，有一本清人编的《孔子集语》，将孔子所讲的话，如《庄子》等等引用孔子的话和有关的很多事，都收集在这里，所以现在也可以走取巧的路线，看这本书，勉强可以把孔子一生，多了解一点，免得到处找资料）。

这段书我们暂且搁在这里。要先了解一件事情：我们知道，春秋战国在陈灵公的时候，有一个女人，后世称她为"一代妖姬"，名夏姬，是当时的名女人，好几个国家，都亡在她身上。据说她好几十岁了都还不显得老，许多诸侯都被她迷惑住了。她在陈国时，陈灵公和几个高级干部，就和夏姬宣淫于朝，于是陈国的另一位大臣泄冶，就向他们提出谏议，责备他们不应该这样做。陈灵公自己理亏，对泄冶没有办法，就买通一个刺客，把泄冶刺死了。

这段书，就提到了这段历史，有一天子贡问孔子说：泄冶的这个行为，同纣王时代的比干一样，泄冶这个人，是不是可以说合于仁道？孔子说，这两个人并不相同。因为比干之于纣王，在宗法社会，讲私的方面，他们是皇亲，比干是纣王的叔父，讲公的方面，比干的地位是少师，等于皇帝的顾问。在宗法社会的政治制度下，他是为了殷商的宗庙社稷，所以他准备牺牲自己，所谓"尸谏"，希望自己死了以后，使纣王悔悟，所以比干当时的心情，是真正的仁。在泄冶就不同了，他只是陈灵公的部属，地位不过是个下大夫，勉强比喻等于现代简任初级的官位，并没有私人血统上亲密的关系，而陈国这样一种政权，在孔子看来，是一个君子就应该挂冠而去，可是泄冶没有这样做，还在怀宠。以他这样的地位，用区区一个身体，想要影响上面的昏乱，这是白死，也算不上忠，只是"怀"而已，他的胸怀里，爱国家的心情，还是有的，至于说到仁道，却并不相干，所以孔子引用《诗经》上两句话："民之多僻，无自立僻。"一般人当走到偏僻的狭路上去的时候，是没有办法把他立刻挽回的，泄冶就是不懂这个道理，方法不对，白丢了一条命。

这是引证一段历史的经验，说明部下与长官之间争执时处理的方法。

> 或曰：叔孙通阿二世意，可乎？司马迁曰：夫量主而进，前哲所韪，叔孙生希世度务，制礼进退，与时变化，卒为汉家儒宗，古之君子，直而不挺，曲而不挠，大直若诎，道同委蛇，盖谓是也。

这是另一个历史故事。汉高祖平定天下以后，最初是没有制度的，每天上朝开会，文官武将和他吵，乱七八糟，简直没有办法，而叔孙通本来是秦始皇时代的一个儒生，他为了要保持文化道统，也曾跟过楚霸王，意见行不通，后来跟随汉高祖。而汉高祖也是拿读书人的帽子当便壶用的，见读书人就骂，所以叔孙通最初连饭都吃不上，什么气都受。有学生问起什么时候才能达到保持文化道统的目的，叔孙通说不必心急，现在是用武力打天下的时候，用不着我们读书人。

等到汉高祖平定了天下，他去见汉高祖，建议制定礼法，汉高祖曾经斥他说："乃公天下马上得之"——意谓："格老子，我的天下是骑在马上打来的，你读书人算什么？去你的！"这时叔孙通就顶他了："陛下天下可以马上得之，但是不可以马上治之。"就是说："天下你是打来了，但是将来治理天下，不能永远打下去呀！"汉高祖这种人，在历史上是真正了不起的领袖，个性固然强，可是别人有理由，他一定会听。所以听了这话认为有道理，问该怎么办？叔孙通于是说我替你拟订计划，建立制度。汉高祖立刻答应，教他去办。几个月以后，把所订的制度礼仪"朝班"都演习好了，再请汉高祖出来坐朝，汉高祖一上朝，那种仪式，那种威风，真和当年打仗乱七八糟的不同。俨然是大汉皇帝的气派。这时他这一舒服，才知道读书人有这么大的用处。

这里是引证，当汉高祖还没有起来，秦始皇焚书坑儒时，叔孙通有办法自保：在秦始皇死了，二世接位以后，召集知识分子开会，向大家说，据说外面在造反，有没有这回事？那些知识分子听了以后，都说真话，说外面有许多人在造反，并劝二世改过，惟有叔孙通说，外面没有造反，只不过是些小偷而已，是乱传话说造反的，二世听了叔孙通的话，认为很对，非常高兴。可是叔孙通讲过这个话，自己就溜走了，他知道秦朝这个政权没有希望了。所以这里提到叔孙通"阿二世"（阿就是阿谀，拍马屁，阿曲，歪曲事实，将就对方的意思。所以古代一个知识分子，在写文章时，都不随便下笔，社会大家认为对，自己认为错了，就不应该随便跟大家的意见写，如果跟着大家人云亦云，就是"曲学阿世"，违反真理。拍社会、拍时代的马屁是不应该的，这是中国读书人的精神），是一个知识分子应该的吗？《长短经》的作者，于是引证司马迁对这件事的批评，也就是他在史记上留给我们后人，对历史的看法。

刚才说过了叔孙通对历史的关键之举，如"朝班"的制度，自汉代由他建立以来，虽然历代各有不同的沿革，但一直到清朝末年，实行了几千年。我们再从文化史的观点来看，叔孙通是了不起的人物，自汉代以来，这几千年当中，实际上的政治体制思想，一直受他的影响。所以司马迁反对一般人对叔孙通小节方面的批评，他是从大处着眼下笔，他说叔孙通"量主而进"，从这句"量主而进"，我们就看到，王允说《史记》是一部"谤书"，毁谤汉朝的大著作，换句话说是毁谤历史的大著作，但在当时不大看得出来。如用的字句，司马迁是斟酌又斟酌，像"量主而进"这四个字，用得非常好。就是后世说的"良禽择木而栖，良臣择主而事"。好的鸟如凤凰，绝不随便落在一般树上，一定落在梧桐树上，否则宁愿停留在半空盘旋，绝不下来。一个人则择主而事，古代君臣、主仆的关系分得很清楚。"量主而进"就是测量测量老板，跟随他有没有意义，前途有没有希望。"前哲所趋"，前辈的哲人——代表贤人、圣人、有道德学问的人，都认为这样是对，是应该的原则。这两句话八个字，已经把一般人对叔孙通的评论推翻了。

司马迁再为这个"生"字作申论说：叔孙生希世度务——叔孙生的"生"字是"先生"的意思——就是说叔孙通在秦始皇这个时代，为了要继承文化，不致中断而留传下去，希望有个好的社会，施行正统的文化，等到好的时代来了，好做一番事业，制定文化精神的体制。进退之间，他看得很清楚，在秦始皇这个时代，他没有办法，只好跟着时代变，并没有完全依照古礼，所以他非常懂得适应时代的环境，以应变达到最后的目的，结果目的都达到了，他跟随汉高祖，最初在汉高祖忙于军事的时候，等于当个附员，闲的差事，拿一点薪水，维持最低限度的生活。到后来，他开创了汉朝的文物制度，成为汉代的儒宗。

司马迁更进一步引申，古代所谓君子之人，"直而不挺"，像一棵树一样，世界上的树都弯下去，只有这棵树是直的，但这棵树也很危险，容易被人砍掉，所以虽然直的，但有时软一点而并不弯曲。自己站住。站住以后，在这种时代也是很难处的，不愿意跟大家一起浮沉，就显得特别，特别了就会吃亏，还要配合大家，但配合大家，和大家一样又不行。在"致曲则全"的原则下，必须保持着一贯的中心思想。所以真正直道而行的人，就"大直若讷"，看起来好像不会讲话。"道同委蛇"，做人的法则，好像太极拳一样，跟着混，而结果达成他的目的，这就是叔孙通的做法，结果他不但开创了汉朝四百年的制度，更影响了中国几千年的制度。

这是说臣道的宗旨，一个人在时代的变化中间，为社会、为国家、为民族文化、为个人，要站住已如是之难，站住以后要达到一个为公的目的就更难了。

议曰：太公云，吏不志谏，非吾吏也。朱云廷诘张禹曰：尸禄保位，无能往来，可斩也。

这里又提出一个问题来讨论。张禹是汉成帝的老师，当时正是王莽家族用权的时候，民间怨恨到极点，各处的报告，反映到朝廷的意见，都被张禹把它压下去，不提出来。所以朱云就当着皇帝的面，诘问张禹，说张禹对下面这么多意见，不提出来报告皇帝，像死人一样占住一个位置，只想保住自己的官位，什么事都没做，使上下的意见都不沟通，应该杀了他。这是引述的一段历史故事。

> 班固曰：依世则废道，违俗则危殆，此古人所以难受爵位。由此言之，存与死，其义云何？

班固是依照司马迁著《史记》的路子而著《汉书》的，他讨论历史，提出这个意见，认为做人处世很难，跟着社会时代走，就违背了传统的道，违背了自己文化的精神，可是硬不跟着时代走，违背一般世俗的观念，本身就危险，至少这一辈子没有饭吃，会把自己饿死，这是事实。像电视节目，我们认为不好的，可是广告收入好，我们认为好的，可没有广告了，电视公司就要喝西北风，也就是这个道理。所以中国的古人，想要请他出来做官，他不要，为什么不要？为什么清高？他既然出来，就要对国家社会有所贡献，估计一下如果贡献不了，又何必出来？所以就不轻易接受爵位了。这是古人，若是现代的人可不管这许多了，有人给一个顾问名义，也就挂上，尽管不拿钱，还可出名哩！时代不同了！古人传统文化的观念，如果担任了名义，而无法有贡献，就宁可不接受。那么由这个道理看起来，推论下去，一旦面临生和死之间的抉择，有时候连这条命也要交出去了，就是说生与死之间的哲学的意义，该怎样讲法？

> 对曰：范晔称夫专为义则伤生，专为生则骞义。若义重于生，舍生可也；生重于义，全生可也。

作者于是引用刘宋一位学者范晔说的话，他说一个人一天到晚，专门讲文化道德义理之学，那么连饭都吃不饱，谋生的办法都没有。但是如果专讲求生，就会亏损义理。我们看看现在的人，为生活、为前途，什么事情都可以干，只要钱赚得多，都可以来。古人往往以义作为行事的准则，如果认为死了比活着更有价值，就可以一死！但有时候，做忠臣并不一定非死不可，中国的老话"留得青山在，不怕没柴烧"，硬要留住这个青山。譬如被敌人包围了，在生死之间，事实上生重于死，忍辱苟生，将来能够做一番比死更重大，更有价值的事情，那么不一定要死，全生可也。相反地，就非求死以全节不可了。

这个问题还没有讨论完，又提出一段历史故事：

> 或曰：然则窦武、陈蕃，与宦者同朝廷争衡，终为所诛，为非乎？

汉代最有名的祸乱是宦官，明朝的祸乱也是宦官。我们中国历史上的祸乱，差不多都离不开外戚、宦官、藩镇三大原因。在汉朝就亡在外戚、宦官两个因素上，王莽就是外戚。唐朝亡于藩镇（权臣），明朝亡于宦官，魏忠贤这些人都是宦官。只有清朝对于这三个祸乱因素都防范得很严谨。宦官干涉了政治非杀不可，多说一句话都要被杀。清朝的实录，雍正遵祖宗的规制，他有一个最喜欢的戏子，有一天这个戏子问雍正皇帝，扬州的巡抚是哪一位。雍正一听发了火："你怎么问这个问题！"就把这个戏子推出去杀了！看起来雍正的手段毒辣，事实上问题很大。一个平常玩玩的戏子，居然问起地方的首长是谁，可见有人在暗中拜托了什么事情。这还得了，固然

151

处理得很严厉，但是看了历史上这些关于宦官为害的可怕事情，非这样办不可。

事实上何必要当皇帝才如此，许多人都会有这类经验，就是当上一个小主管，这类问题都来了。太太娘家的人，来说说话托个人情，你说怎么办？不答应，太太天天和你吵，难道为此和太太离婚吗？这是内戚之累。或者跟了你很久的人，有事总要替他安顿安顿。这情形也和"宦官"差不多。另外藩镇，好比下面的科长、股长，做得久了，公事又熟，出些问题，真没办法。个人尚且如此，何况大的国家？

后汉时代窦武与陈蕃，两个有名的人，以及明朝的有些大臣，硬是不买账，结果还是死在这班宦官手里，那么照前面的理由看起来，窦武、陈蕃这些人做得不对了吗？

> 范晔曰：桓灵之世，若陈蕃之徒，咸能树立风声，抗论昏俗，驱驰岨峻之中，而与腐夫争衡，终取灭亡者，彼非不能洁情志，违埃雾也。悯夫世士，以离俗为高，而人伦莫相愒也。以遁世为非义，故屡退而不去。以仁心为己任，虽道远而弥厉，及遭值际会，协策窦武，可谓万代一时也，功虽不终，然其信义足以携持世心也。

这段还是引叙范晔的话，来答复前面的问题。读过诸葛亮的《出师表》，就会知道汉桓帝、汉灵帝这两个皇帝了。《出师表》上提到刘备最难过、最痛恨的，就是他这两位老祖宗。这两位汉代皇帝，和宋代的徽宗、钦宗父子一样。宋徽宗做一个艺术家蛮好的，他的绘画、书法都很好，可是命苦，当了皇帝就非变成俘虏不可。

范晔所说这个历史的故事，举出窦武和陈蕃这两位后汉的名臣。当时发生了党祸，他们两人想挽回时代的风气，但是陈蕃却因窦武的党祸案子而牺牲了。这里范晔的论点是说，在桓灵这个时代，像陈蕃这种人，学问好，有见解，有人品，知识分子个个仰慕他，他个人所标榜的，已经树立了风气、声望，成为一个标杆。对当时昏头昏脑过日子的世俗抗议，他的那种思想、影响力，在最危险的社会风气中、政治风浪中，像跑马一样，和那些明知道不对而又不敢说话的懦夫争衡，结果把生命赔进去了。以他的聪明学问，并不是不能做到洁身自好，明哲保身，而是他不愿意这样做。因为他想要提倡伦理道德，人类的社会就要有是非善恶，他悲悯当时世界上的人，一些知识分子，看到时代不对了，尽管反感极了，而只是离开世俗，明哲保身，逃避现实，没有悲天悯人之意，人伦之道就完了。所以他反对这些退隐的人，认为退隐不是人生的道理，于是他有机会可以退开，他还不走，而以"天下兴亡，匹夫有责"的精神，以仁心为己任，明知道这条路是很遥远的，还是非常奋发、坚定，所以一碰到政治上有改变的机会，就帮忙窦武，而把命赔上了。这样的死，是非常值得的，以历史的眼光来看，把时间拉长，把空间放大。他这生命的价值，在于精神的生命不死，万代都要受人景仰，虽然他没有成功，但是他的精神、正义足以作为这个世界的中心。

议曰：此所谓义重于生，舍生可也。

这里的结论是，当觉得死了比活着更有价值，这个时候惟有牺牲自己。这是理论，这种理论想要真正变成自己的思想和观念，则并不简单。能在必要的时候付诸实施，更是难之又难。

上面的这些历史故事，都是说"臣行"的，所谓臣行，也就是人臣的自处与处事之道。一个人做事对自己的立场要认识清楚。

下面继续提出臧洪死张超之难的故事，讨论他是不是可称为义？臧洪死张超之难故事的原文，在这段文章的后面，用括号引述出来了。我们必须先了解这个历史故事的实际经过情形，然后再说它的道理。在这里大家一定会奇怪古人写文章为什么这么别扭，把论理的文字，写在前面，而把所讨论的历史故事，写在后面。这是因为古人认为这些历史故事，每一个读书人都知道了，假使先叙述故事，再论道理，在古代认为这是丢人的事，甚至认为作者看不起人，好像表示别人对历史都不懂，只有他懂似的。因为中国古代读书人，大多都对历史典故很熟。现在可不同了，一般写论文，都是东抄西抄一大堆，写出来的意见，不是作者的，而是抄来的。这是古今之不同。其次，古人有时引述的历史故事，在文章中等于现在文体的注解，所以放在正文的后面，这是我们对于古今文体需要了解的地方。我们是现代人，就走现代的路线，从后面读起，先把这段历史故事了解，等一下再回过来看它对这个故事的评论。

昔广陵太守张超委政臧洪，后袁绍亦与结友，及曹操围张超于雍丘，洪闻超被围，乃徒跣号泣，勒兵救超，兼从绍请兵，绍不听。超城陷，遂族诛超，洪由是怨绍，与之绝，绍兴兵围之，城陷诛死。

这是三国时的事。广陵是现在的江苏扬州一带。张超是当地的太守，他把地方的政事交给了臧洪，后来袁绍也和他做朋友。有一次曹操在雍丘（现今河南杞县）这个地方，把张超包围起来。臧洪听到这个消息，因为张超是他的朋友，又是长官，所以就光着脚，哭着到处替张超求救兵，一面自己也出兵。同时因为袁绍是朋友，也向袁绍求救兵，可是袁绍没有理他。结果张超被曹操消灭了，全族都被杀了。臧洪就为这一件事情恨透了袁绍，而和他绝交了。朋友变成了冤家，于是袁绍又兴兵围攻臧洪，破城以后，臧洪也被杀掉了。

议曰：臧洪当纵横之时，行平居之义，非立功之士也。

后来一般人讨论这件事，就认为臧洪自己莫名其妙，头脑不清楚，当三国那个时代，正是所谓纵横时代，等于战国时候一样，是没有道义的社会，谈不到要为哪一个尽道义，立身于社会中，对当时的环境看不清楚，在纵横的时代，而去讲道德、讲仁义，乱世中去讲太平时候的高论，当然搞不好，这就是所谓："居今之时，行古之道，殆矣！"在现在的时代，要想实行三代以上的礼乐之道，是走不通的。因此也可以看到孔子的思想，并不呆板，他教我们要赶上时代。"当纵横之时，行平居之义，非立功之士。"就是对臧洪的结论，这样做，如果想立功、立业，救时代、救社会，是办不到的。

现在再回过来看《长短经》的作者，对臧洪这件历史故事的评论，他首先提出问题：

> 或曰：臧洪死张超之难，可谓义乎？

假定有人问臧洪这样为张超而死，够不够得上是义气？于是他引用范晔的话：

> 范晔曰：雍丘之围，臧洪之感愤，壮矣！相其徒跣且号，束甲请举，诚足怜也。夫豪雄之所趣舍，其与守义之心异乎？若乃缔谋连衡，怀诈算以相尚者，盖惟势利所在而已。况偏城既危，曹袁方睦，洪徒指外敌之衡，以纾倒悬之会，忿悁之师，兵家所忌，可谓怀哭秦之节，存荆则未闻。

范晔是说，曹操围攻雍丘，消灭张超，当时臧洪为了朋友，到处请兵，可以说是一种壮烈的情操。而他赤了足，奔走号哭的行为真值得同情。因为英雄豪杰，在某种环境之下，对于是非善恶的取舍，与普通一般人的讲究仁义，在心理上是两样的（读古书到这里，要想一下，为什么豪雄之所趣舍，其与守义之心异乎），我们可以引用西方宗教革命家马丁·路德的名言："不择手段，完成最高道德。"为了达到最高的主义，最高的理想，有时候内心尽管痛苦，也不得不作些小的牺牲。在平时做人也如此，假定现在朋友、同事之间，家庭有了困难，即使下雨下雪，没船没车，走路也得赶去帮忙。但到了一个非常的时候，自己有大的任务在身，那恐怕就不能顾全这个朋友之间道义的小节了。所以孔子说："言必信，行必果。硁硁然，小人哉！"这个话就很妙了。孔、孟之道，总是教人忠信，讲话一定兑现，做事一定要有结果，而孔子却又说，这样事事固执守信的，只是小人。这么说来，是不是言不必行，讲的话，过去了就算了吗？并不是这个意思。读书最怕如此断章取义，必须要看整篇，才知道孔子这几句话的意思。也就是说，大丈夫成大功，立大业，处大事，有个远大的目标必须要完成的时候，有时就不能拘这些小节，小节只是个人应做的事。如为国家民族做更大的事，个人小节上顾不到，乃至挨别人的骂，也只好如此。

另外一个观念：

> 若乃缔谋连衡，怀诈算以相尚者，盖惟势利所在而已。

在三国的时候，袁绍、曹操、张超这一班人，和任何乱世时代，据兵割地称雄的人，都是一样，有时双方和平订约了，有时候双方又打起来，也和我们现代的国际局势一样，这是个非常时期。每逢一个非常时期，不要以为国际之间有道义信用，实际上都是在作战，利害相同就结合，利害不相同就分手了。每个人都是在打自己的算盘，只要形势上有需要，利害上有关系就做，这是当然的情形。在这样一个时代中，如果这一点看不清楚，而去与人讲道义，就只有把命赔进去了。更何况，像三国时候，那种地方军阀互相割据的战争局面下，雍丘是一个非常危险、孤零零的偏僻地方，臧洪只知道自己的朋友张超被曹操毁了，以为袁绍也是朋友，去请袁绍帮忙，却不知道曹操与袁绍之间，因为利害的关系，已经结合了。这就是说臧洪的头脑不够，对时势分析不清楚，如何去做好这工作？他想借袁绍的兵，把曹操打垮，这是很危险的。像吴三桂借清兵打李自成，结果就成了满人的天下。再以中国的军事哲学——《孙子兵法》的思想来讲，不冷静地先求"谋攻"的关键，只是感情用事，以个人忿恨的私见，影响到作战的决策，头脑就昏了，心理上情绪的悲哀、怨恨，是军事学上的大忌讳。这不只是限于军事，在工作上有时碰到紧急困难的时候，个人的情绪忿悁之中，特别要注意，必须把这种情绪先除去，然后才能够冷静，才能把事情分析得清楚，"谋定而后动"。而像臧洪这样"徒跣且号，束甲请兵"，和以前战国时候，吴楚之战，楚被吴打垮了，楚名臣申包胥到秦国去请救兵，在秦庭哭上七天七夜的情形是一样的。这样对个人节操而言是对的，但对事情而言，这是没有用的。不能解决问题。这里历史的经验告诉我们，个人做人的情操是一回事，处理事情的观点、看法、智慧的决定，又是另一回事。如申包胥哭秦庭的故事，在他个人，是成了千秋万世之名，但为楚国着想，借了外力秦兵去打吴国，前门驱狼，后门进虎，也不是好办法，还没有听说过这样能复国图存的。

　　或曰：季布壮士，而反摧刚为柔，髡钳逃匿，为是乎？

　　大家都知道一诺千金，是季布有名的历史故事，这位先生是了不起的。他年轻时是一位非常有号召力的游侠之士，后来跟随项羽，作战非常勇敢。有一次把刘邦打垮了，追击刘邦，差一点就可以砍到刘邦的马尾。后来刘邦得了天下，最恨的也是季布，所以悬重赏缉捕季布，同时下令，藏匿了他的要诛全族。在这样严缉之下，季布就到山东一位大侠朱家那里卖身做佣人。朱家一看见季布，就看出来了，把他收留下来。到晚上再把季布找来，做个别谈话，要他说老实话。季布说，你既然知道了，就随你办，向刘邦报告，就可以得重赏乃至封侯。朱家当时就安慰他，绝对不会这样做。同时告诉季布，这样逃匿不是办法，总有一天会被发现的。朱家本来就和刘邦部下多人很熟，于是去洛阳见夏侯婴。这一班帮助汉高祖打天下的老朋友都宴请朱家，问他前来有什么事，当然，都知道他不想做官，也不会要钱。朱家就要他们转告刘邦，季布这个人，年轻有为，是个将才，是个可以大用的豪杰之士。当年和项羽打仗的时候，季布追杀刘邦，是各为其主。项羽完了，就不必再视季布为仇敌，现在通令全国抓他，这样逼迫，他被逼紧了，不是向南边逃到南越，就是往北边逃往匈奴（因为那时刘邦所统一的天下，只限于中原一带，至于长江以南的两广、云贵一带，南越王赵佗，和汉高祖同时起来的，虽已称臣，并未心服；北方的匈奴，也随时要侵犯中国的），这样平白地送给敌人一名勇将，给自己增加一个最大的祸患，这又何苦？朱家说，现在就为这事而来。这班大臣们向刘邦报告以后，汉高祖听说是朱家来说的，就取消了通缉令，并且给季布官做。所以后来季布又成了汉朝的大将，而且非常忠于汉室。可是如果没有朱家这一次出来说话，还是不行。而朱家说妥了这件事，仍然回山东过他的游侠生涯去了，不要功名富贵。所以侠义道的精神，在中国的历史上始终是存在的。这里是说，季布失败以后，毫无办法，英雄的豪气都没有了，变成窝囊得很，把头发剃光，什么苦工都做，不该去躲藏的地方也去躲藏，偷偷摸摸过日子，这样对吗？以中国文化精神来说，一个真正的英雄壮士，失败了就自杀算了。在那个时候说来，季布既是壮士，失败后却窝囊的过逃亡日子，这是对的吗？

对于上面这种一般看法的问题，下面引用司马迁的话作答案：

> 司马迁曰：以项羽之气，而季布以勇显于楚，身屡典军，搴旗者数矣，可谓壮士。然至被刑戮，为人奴而不死，何其下也？彼必自负其材，故受辱而不羞，欲有所用其未足也，故终为汉名将。贤者诚重其死，夫婢妾贱人，感慨而自杀者，非勇也，其计尽，无复之耳。

司马迁说，当项羽与刘邦争天下的时候，以项羽的那种力拔山兮的气概，而季布却仍然在楚国能以武勇，显名于天下，每次战役中，带领部队做先锋，身先士卒，一马当先，多少次冲入敌阵，夺下对方的军旗，斩了对方的将领，可说是一个真正的壮士。可是等到后来项羽失败了，汉高祖下命令要抓他来杀掉的时候，却又甘心到朱家那里当奴隶，而不自杀。从这点看起来，季布又多么下贱，一点壮志都没有。其实，季布这样做法，并不是自甘堕落，他是有自己的抱负，自认有了不起的才华，只是倒楣了，当初找错老板，心有不甘。所以当项羽失败了，愿意受辱，并不以为羞耻，因为还是要等待机会，发展自己的长处，所谓"留得青山在，不怕没柴烧"。所以他最后还是成为汉代的名将。由他的经历做法，就看出了他的思想、抱负，他觉得为项羽这种人死，太不合算。一个有学问、有道德、有见解、有气派、有才具的贤者，固然把死看得很严重，但是所谓"死有重于泰山，有轻于鸿毛"。并不像一般小人物一样，为了一点小事情，就气得上吊，这种人的心理，觉得没有办法再翻身了，走绝路了，心胸狭窄，所以才愿意去自杀，而怀抱大志的人，虽然不怕死，但还是要看死的价值如何，绝不轻易抛生的。

议曰：太史公曰：魏豹、彭越，虽故贱，然已席卷千里，南面称孤，喋血乘胜，日有闻矣。怀叛逆之意，及败，不死而虏，囚身被刑戮，何哉？

这段历史是刘邦、项羽，作楚汉之争的时候，魏豹和彭越这两个人，有部队，能作战，是名将，有举足轻重的威势，他在楚汉之间，靠向谁，谁就获胜。萧何、张良、陈平，这几个文人，却用反间计，掌握了这些摆来摆去的人。但是魏豹他们，都是太保、流氓、土匪出身的，有如民国初年各地的军阀，有的是贩马的、卖布的出身，可是他已经能席卷千里，南面称王。力量稳固以后，带了兵，喋血乘胜，天天都是他得意的时候。这种土匪、流氓出身，投机起家的分子，始终怀叛逆之意，始终不安分，这些人是唯恐天下不乱的，在乱世他们才

161

有机可乘，才有办法，社会不乱，他们就没有办法。等到失败了，这种人不会自杀而宁愿被俘虏，身遭刑戮而死，这又是什么道理？

中材以上，且羞其行，况王者乎？彼无异故，智略绝人，独患无身耳，得摄尺寸之柄，其云蒸龙变，欲有所会其度，以故幽囚而不辞云。此则纵横之士，务立功者也。

像这样的行径，就是中等以上的人，都会觉得羞耻，而更高的王者之才，更不会这样。如项羽失败了，就以无面见江东父老而自杀了。但这些人失败以后，不死而俘，落到身被刑戮的结果，没有别的缘故，他们自视有智慧才略，所以愿意被俘，希望将来还能够上台，抓到兵权或政权，实施他的理想，云蒸龙变（根据《易经》的道理，"云从龙，风从虎"，当老虎来的时候，会先有一阵风过来，龙降的时候，一定先起云雾，所谓云蒸龙变，就是形容一个特殊人物出现时，如龙出现一样，整个社会都会受影响而转变），所以他们不愿轻易牺牲，宁愿俘虏。而希望得到机会，能发展自己的抱负、理想，这就是贾谊所说的"烈士徇名，夸者死权"的心理，只想自己如何建功立业为目标，而至于自己个人，受什么委屈都可以，绝对不轻易牺牲。这也就是乱世多纵横捭阖之士的功利主义。

又《蔺公赞》曰："知死必勇，非死者难也，处死者难，方蔺相如引璧睨柱，及叱秦王左右，势不过诛，然士

162

> 或怯懦不敢发，相如一厉其气，威信敌国，退而让廉颇，名重太山，其处智勇，可谓兼之矣！"此则忠贞之臣，诚知死所者也。

这里再引用司马迁对蔺相如的赞。"赞"是旧式文章的一种体裁，所谓"赞""颂"等等都是在一篇传记后面的一个评论。司马迁在《蔺相如列传》之后，评论的几句话说，蔺相如知道自己非死不可。如今日做敌后工作的人，最后可能就是死亡，明知道做这工作是死，而决心去做，这须要大勇。但是死本身并不是一件困难的事，而是对死的处理，对于这一下应该死或不应该死的决定，这一处理，不但要有大勇，还要有大智。所以在死以前，应该做怎么样的决定，这才是最难的事。现在蔺相如在秦庭和秦昭王当面争论抗衡的时候，不把和氏璧交给秦昭王，手上捧着和氏璧，眼睛看着柱子，准备自己碰上去，把自己的生命和那块玉一起碰毁，回过头来骂秦昭王和他的左右。而蔺相如并没有武功，那一种情势的最后结果，不过是被杀头而已，所谓除死无大事。可是，人在这种情形下，能做出这种决定来是最难的。一般人在这个情形下，一定是懦弱胆小，拿不出这种勇气的。其实有时候，在某种情况下，胆子小，拿不出勇气来，最后还是死，死了还挨骂。而蔺相如这时，却大发其脾气，反而把秦昭王震慑住了。后来蔺相如回到赵国，因这件事的功劳，官做得和廉颇一样大，廉颇心里不服气，处处和他过不去，等于大元帅和首相不睦，但是蔺相如不管廉颇怎样侮辱，他都躲开。有人问蔺相如为什么这样怕廉颇。蔺相如告诉他们，一个国家如果文臣武将之间有了意见，国家就危险了。现在秦国不敢来打，就因为有我和廉颇两个人在，如少了一人，国家就完了。后来这个话传到廉颇耳里，他心里很难过，知道自己都在蔺相如的包容之中，因此自己背根荆条去向蔺相如跪下来请罪，而变成了好朋友。由此看蔺相如的智慧、修养，真是智勇双全。而《长短经》的作者，则引用司马迁的这段赞词，从另一个观点批评说，像蔺相如这种人，就是忠贞之士，对于应该在什么时候、什么地方、什么事情上不怕死，对什么事情应该不轻言牺牲，他都有正确的自处之道，这需要大智慧、大勇气，并不是盲目的冲动。

> 管子曰："不耻身在缧绁之中，而耻天下之不理；不耻不死公子纠，而耻威之不申于诸侯。"此则自负其才，以济世为度者也。此皆士之行己，死与不死之明效也。

这里是引用管仲的一段自白来作评论。大家都知道管仲是齐桓公的名相，可是最初管仲是齐桓公的敌人，情形和季布与刘邦的关系是一样的。管仲本来是帮助齐桓公的劲敌也是兄弟公子纠的，管仲曾经用箭射齐桓公，而且射中了。只是很凑巧，刚好射在腰带的环节上，齐桓公命大没有死。后来齐桓公成功了，公子纠手下的人，都被杀光了。找到管仲的时候，管仲把手在背后一反剪，让齐桓公的手下绑起来，自己不愿自杀，而被送到齐桓公面前。因为他心里清楚，有一个好朋友鲍叔牙，在齐桓公面前做事，一定会保他。齐桓公一看到他，果然非常生气要杀他。鲍叔牙就对齐桓公说，你既然要成霸主，要治平天下，在历史上留名，就不能杀他。鲍叔牙这一保证，

164

齐桓公就重用了他（当然也要齐桓公这种人，才会这样做），后来果然做了一代名臣。可是有人批评管仲，管仲就说：人们认为我被打败了，关在牢里，变为囚犯是可耻的，我却不认为这是可耻的。我认为可耻的是，一个知识分子活了一辈子不能治平天下，对国家社会没有贡献。人们认为公子纠死了，我就应该跟他死，不跟他死就是可耻。但我并不认为这是可耻的，而我认为我有大才，可以使一个国家称霸天下，所以在我认为可耻的，是有此大才而不能使威信布于天下，这才是真正的可耻。

《长短经》的作者于是作结论说，像管仲这一类的思想，绝不把生死之间的问题看得太严重，因为他自负有才能，目标以对社会、对国家、对天下济世功业为范围。所以上面所提的泄冶以迄于管仲的这些历史经验，都是说明知识分子，对自己一生的行为，在死与不死之间，有很明白的经验与比较。

> 或曰：宗悫之贱也，见轻庾业，及其贵也，请业长
> 史，何如？

这是说另外一个历史故事：在《滕王阁序》里，提到过宗悫这个人，"有怀投笔，慕宗悫之长风"，所说的宗悫就是这个人，他是刘宋时代人。历史上的"宋代"分辨起来很讨厌。宋有北宋、南宋。这个宋是唐代以后的宋朝，宋高宗南渡以后称南宋，南渡以前称北宋，是赵匡胤打下的天下，由赵家做皇帝。而刘宋则是南北朝时期，南朝的第一个朝代，因为这个刘宋的第一个皇帝，也是和汉高祖一样由平民老百姓起来的

刘裕。所以后世读历史，为了便于分别朝代，就对这晋以后南北朝的宋朝，称作刘宋。而对唐以后的宋，有时则称之为赵宋。宗悫就是刘宋时代的人，在《长短经》里只说他是宋代人，但因为作者是唐代的人，绝不可能说到后来赵宋时代的人，所以读书的时候，万一发生类似的疑问，就要把历史的年代弄清楚。这里说当宗悫还没得志的时候，他的同乡庾业，有财、有权、有势，阔气得很，宴请客人的时候，总是几十道菜，酒席摆得有一丈见方那么多，而招待宗悫，则给他吃有稗子的杂粮煮的饭，而宗悫还是照样吃饭。后来宗悫为豫州太守，相当于方面诸侯，军权、政权、司法权、生杀之权集于一身，而他请庾业做秘书长了，绝没有因为当年庾业对自己那样看不起而记仇，这就是宗悫的度量。

最近看到一篇清人的笔记上记载，有个人原来去参加武举考试的，因为他的文章也作得好，所以同时又转而参加文举，但是这和当时的制度不合，因此主持文举考试的这位著名的学官，大发脾气。因为这时已经是清朝中叶以后，重文轻武，对武人看不起，这也是清代衰落的原因之一。在当时文人进考场的时候，那些武官是到试场为考生背书包的。所以这些学官对这个转考文举的武秀才看不起，教人把他拉下去打三十板屁股。可是他挨了打以后，还是要求改考文举。这位学官盛气之下，当时就出了一个题目，限他即刻下笔。这位秀才提起笔就作好了。这位学官终归是好的，还是准了他考文举。后来这个人官做得很大，升到巡抚兼军门提督，等于省主席兼督军又兼战区司令官，他还是带了随从去拜访当年打他屁股的这位学台，而这位学台心里难过极了，一直向他道歉。他却感谢这顿打激励了他，并请这位学台当秘书长。从这些地方我们就看到，小器的人，往往没有什么事业前途。所以说，器度很重要。而且人与人相处，器度大则人生过得很快活，何况中国的老话："人生何处不相逢？"这段书就是讨论宗悫对庾业的事情，该是怎么个说法，下面引用裴子野的话：

> 裴子野曰：夫贫而无戚，贱而无闷，恬乎天素，弘此大猷，曾、原之德也。降志辱身，俛眉折脊，忍屈庸曹之下，贵骋群雄之上，韩、黥之志也。卑身之事则同，居卑之情已异。若宗元幹无怍于草具，有韩、黥之度矣，终弃旧恶，长者哉！

他说一个人在穷困中，心里不忧不愁；在低贱的时候，没有地位，到处被人看不起，内心也不烦恼，不苦闷，这是知识分子的基本修养，淡泊于天命和平常，穷就穷，无所谓，而胸怀更伟大的理想，另具有长远的眼光。只有像曾子、原宪这两位孔子的学生，才有这样的器度、修养和德性。再其次有一种人，"降志辱身"，倒楣的时候，把自己的思想意志降低，倒楣的时候就做倒楣的事，乃至身体被人侮辱都可以，头都不抬，眉毛都挂下来，眼睛都不看人，佝着背，到处向人家磕头作揖，在一批庸庸碌碌的人下面，忍受委屈。一旦得意的时候，则像在一些英雄的头上跑马似的，这就是韩信、黥布一流的人物。他们都是汉高祖面前两位大将。黥布封为九江王，他在秦始皇时代做流氓，犯过法，脸上刺了黑字，所以名黥布，后来贵为九江王。韩信则在倒楣的时候，腰上带了一把剑，遇到流氓，流氓骂他饭都没有得吃，没有资格佩剑，迫他从胯下爬过去。后来韩信当了三齐王，那个流氓到处躲，韩信还把他请来做官，并且说当年如果不是这一次侮辱，还懒得出去奋斗呢！最后汉高祖把他抓来的时候，本来不想杀他，还和他说笑话。他批评某些人的能力只可以带多少兵，汉高祖问他自己能带多少兵，他说多多益善。汉高祖说：你牛吹得太大了，那么我可以带多少兵？韩信说，陛下不能带兵，可是能将将。韩信当时是把所有的同事都看不起。他对这些同事，也都是身为大元帅的批评别人的那两句名言："公等碌碌，因人成事。"其实反省过来，包括我们自己在内，都是如此——"公等碌碌，因人成事。"这句话也形容出韩信在得意的时候，有如天马行空，在一班英雄头上驰骋。

由此看来，有的人不怨天不尤人，愿意过平淡的生活，这是高度的道德修养，只有曾子、原宪这一类的人才做得到。但是有一类英雄也做得到，不得志的时候委屈，乃至一辈子委屈，也做得到，可是到得志的时候，就驰骋群雄之上，这就和曾子、原宪不一样。而这两种人，"卑身之事则同"，当不得志的时候，生活形态搞得很卑贱，被人看不起的那个情形，是相同的。可是处在卑贱时，这两种人的思想情操，则绝对不同。一种是英雄情操，得志就干，不得志只好委屈；另一种是道德情操的思想，却认为人生本来是要平淡，并不是要富贵，所以"居卑之情已异"。

可是像宗悫（号元幹），是兼有这两种修养的长处，当年庾业看不起他的时候，盛大的酒席招待朋友，却招呼他在旁边吃一碗杂粮饭，他并不觉得羞耻，吃饱了就好。因为他有理想，准备将来得志了大做一番，所以有韩信、黥布那样的器度。而当他得志以后，还请庾业来做部下，把过去受辱的事都放开，真是一个长者之风。这个长者具有崇高的道德、厚道的心地，真是了不起。这是说与臣道有关的个人修养问题。

世称郦寄卖交，以其绐吕禄也，于理何如？

这段历史故事，是汉高祖死了以后，吕后想夺政权，把自己娘家的人弄上台，而将汉高祖的老部下都撵掉了，是汉代历史上很著名的一段危险时期。郦寄是汉高祖的一位秘书兼参谋郦商的儿子。后来周勃他们推翻了吕家的政权，恢复了汉高祖子孙的权位，这中间是一段很热闹的外戚与内廷之争。在这一段斗争中，周勃他们，教郦寄故意和吕禄做好朋友。这时吕禄是执金吾，等于现代的首都卫戍司令。需先把吕禄弄开，否则这天晚上推翻吕家政权的行动就难于顺利进行。所以这天就安排了由郦寄邀吕禄到郊外去玩。于是由周勃他们在首都把吕氏的政权推翻，接汉高祖的中子代王来即位为孝文皇帝。可是后世的人批评郦寄把吕禄骗出去郊外玩这件事情，在他个人的道义上说来，是出卖了朋友。那么这个道理，究竟对不对，又该怎么个说法呢？

班固曰：夫卖交者，谓见利忘义也。若寄，父为功臣而执劫，虽摧吕禄，以安社稷，义存君亲可也。

班固是《汉书》的作者，他认为郦寄卖友的批评不对。

所谓出卖朋友的交情，是为了个人的富贵利益，而忘了朋友的义气，才是卖友。郦寄的父亲帮助汉高祖打下了天下，而吕家把这个政权用阴谋手段拿去，这才是不对的。他能在这劫难之中，把吕禄骗出去，予以摧毁，他是为了国家，为了天下，这不是出卖朋友，只是在政治上，为了对国家有所贡献，使用的一个方法而已。

> 魏太祖征徐州，使程昱留守甄城，张邈叛，太祖迎吕布，布执范令靳允母，太祖遣昱说靳允，无以母故，使固守范，允流涕曰：不敢有二也。
>
> 或曰：靳允违亲守城，可谓忠乎？徐众曰：靳允于曹公，未成君臣。母，至亲也，于义应去。

这里引用另一个历史故事。靳允是三国时人，当时曹操带兵去打徐州，命令一个大将程昱留守后方的重镇甄城，正在这样用兵的时候，曹操手下的另一员将领张邈又反叛了他，于是曹操这时只好亲自迎战吕布。这时在战争的地理形势上，如果吕布将范城拿下来，就可以消灭曹操，所以吕布设法把守范城的首长靳允的母亲捉来，想要胁迫靳允为了救母亲而归顺自己。所以曹操也赶紧命令留守在甄城的程昱去游说靳允，不必考虑母亲的安危，要他固守范城这个地方。结果靳允被说动了，表示一定守城，决无二心。这里就引这个故事，问起靳允这样做法，算不算是忠。

徐众曰："靳允于曹公，未成君臣。母，至亲也，于义应去。"

作者引用徐众对这件事的评论作为答案。徐众是说，当程昱去游说的时候，靳允和曹操之间，还没有君臣的关系，而母亲是世界上最亲密的直系尊亲，在情理上，靳允是应该为了母亲的安危而去，不应该听曹操的话不顾母亲而守城。

同时这里进一步引用历史上类似的故事，以说明这个道理。

　　昔王陵母为项羽所拘，母以高祖必得天下，因自杀以固陵志，明心无所系，然后可得事人，尽其死节。

这是汉高祖与项羽争天下的时候，汉高祖有一个大将王陵，项羽为了要他归顺过来，于是把王陵的母亲抓来，威胁王陵。而王陵的母亲，已看出项羽会失败，刘邦会成功，自己被软禁后，知道王陵有孝心，一定不放心，会为母亲而意志不坚定。因此自杀，留了一封遗书，教人偷偷送给王陵，嘱他还是好好帮助汉高祖，坚定王陵的意志，使他一心为事业努力，心里再没有牵挂，可以全心全意去帮忙刘邦。

另一段故事：

　　卫公子开方仕齐，十年不归，管仲以其不怀其亲，安能爱君，不可以为相。

卫国的一位名叫开方的贵族，在齐国做官，十年都没有请假回到卫国去。而管仲把他开除了，理由是说开方在齐国做了十年的官，从来没有请假回去看看父母，像这样连自己父母都

171

不爱的人，怎么会爱自己的老板！怎么可以为相！把他开除了。

所以这里就上面的几个故事，为靳允违亲的事，作了结论说：

> 是以求忠臣于孝子之门，允宜先救至亲。

能够对父母有感情，才能对朋友有感情，也才能对社会、对国家有感情，人的世界到底是感情的结合，所以靳允是不对的，应该先去救母亲的。

接下来，又举了一个例子，就靳允违母守城这件事，作了另一个角度的结论：

> 徐庶母为曹公所得，刘备乃遣庶归，欲天下者，恕人子之情，公又宜遣允也。

这个故事大家都晓得，曹操想用徐庶，把他的母亲抓起来，以胁迫徐庶，使徐庶进退两难。刘备一知道这情形，就对徐庶说，我固然非常需要你帮忙，可是我不能做违背情理的事，如留你下来，曹操会杀你的母亲，使你一生都受良心的责备，你还是去吧！所以另一角度的结论就说，一个领导人，应该深体人情，那么曹操应让靳允去救他的母亲才对。此所以曹操是曹操，刘备是刘备，他们两个的领导器度，绝对不同。

> 魏文帝问王朗等曰：昔子产治郑，人不能欺；子贱治

> 单父，人不忍欺；西门豹治邺，人不敢欺；三子之才，与
> 君德孰优？

这段是说魏文帝曹丕，问他的大臣王朗他们：根据历史的
记载，春秋战国的时候，郑国的大臣子产，能够不受部下和老
百姓的欺骗；孔子的学生子贱治亶父的时候，受他道德的感
化，一般人不忍心骗他；而西门豹治邺都的时候，一般人不敢
骗他。不能骗、不忍骗、不敢骗，三个不同的反应，在今天
（曹丕当时）看来你认为哪一种好？

> 对曰：君任德则臣感义而不忍欺，君任察则臣畏觉而
> 不能欺，君任刑则臣畏罪而不敢欺，任德感义，与夫导德
> 齐礼，有耻且格，等趋者也；任察畏罪，与夫导政齐刑，
> 免而无耻，同归者也，优劣之悬，在于权衡，非徒钧铢之
> 觉也。

这是王朗的答复，首先解释不忍欺的道理，就是孔子的学
生，子贱治单父的事情，王朗说，上面的领导人，本身有德，
一切依德而行，能够真爱人、真敬事，一般部下和老百姓，都
感激他的恩义，不忍心骗他。其次听到领导人任察，所谓
"察察为明"，什么事情都看得很清楚，如近代历史上，清朝
的雍正皇帝，刚开始上台的时候，一个大臣晚上在家里和自己
的姨太太们打牌，第二天上朝的时候，雍正就问他昨天夜里在
干什么？这位大臣回答昨夜没事，在家里打牌。雍正听了以
后，认为这大臣说话很老实，因此很高兴地笑了，并且送了他

173

一个小纸包，吩咐他回去再打开来看。这位大臣回到家里打开雍正所送的纸包一看，正是昨夜打完牌，收牌时所少掉而到处找不到的那一张牌。可不知道怎么到了皇帝的口袋里。这说明雍正早已知道他昨夜是在打牌。他如果当时撒谎，说昨夜在处理公事，拟计划，写报告，那就糟了。这在雍正，就是察察为明。偶然用一下则可，但是不能常用，常用总不大好。这样以"察察为明"的作为，便是使人不能欺的作风。所以做领导人的，明明知道下面的人说了一句谎话，也许他是无心的，硬要把他揭穿，也没有道理，有时候装傻就算了。再其次说到不敢欺，上面的法令太多，一犯了过错，重则杀头，轻则记过，完全靠刑罚、法规来管理的话，那么一般部下，怕犯法，就不敢欺骗了。这样在行政上反而是反效果。下面的人都照法规办理，不用头脑，明知道法规没有道理，也绝对不变通处理，只求自保，那就更糟了。

这篇是讲臣道，专门讲干部对上面尽忠的道理，但是尽忠不能只作单方面的要求，如果上面领导得不对，下面也不可能忠心的，所以王朗在这里引申，要上位者有真正的道德，下面自然感激恩义，这和《论语·为政》孔子所说的"道之以政，齐之以刑，民免而无耻；道之以德，齐之以礼，有耻且格"两句话的意思一样。王朗在这里就是袭用孔子的这两句话，予以阐述。任德感义的，同"道之以德，齐之以礼，有耻且格"一样，可以达到最高的政治目的。假使靠察察为明，使下面的人怕做错了成为风气，就与孔子所说"道之以政，齐之以刑，民免而无耻"的结果相同。就是说不要认为拿政治的体制来领导人，拿法令来管理人，是很好的政治。法令越多，矛盾越多，一般人就在法令的空隙中逃避了责任，而且自认为很高明，在内心上无所惭愧。他最后说，这两种情形之下，好坏的悬殊很大，主要的还是在于领导人自己的权衡，像天平一样，不能一头低一头高，要持平。但一个领导人、大干部，决定大事的时候，不能斤斤计较小的地方。

　　或曰：季文子，公孙弘，此二人皆折节俭素，而毁誉不同，何也？

　　这是历史上两个人的评论。季文子是春秋时名臣，道德非常高。公孙弘是汉朝有名的宰相，此人来自乡间，平民出身，很有道德，名闻天下，一直做汉武帝的宰相。虽然做了几十年宰相，家里吃的菜，还是乡巴佬吃的菜根、豆腐、粗茶淡饭，穿的衣服旧兮兮的，非常朴素。我们看《史记》公孙弘的传记，一长篇写下来都是好的，实在令人佩服，不好的写在别人的传记里了。这是司马迁写传记的笔法。公孙弘这个人实际上是在汉武帝面前作假，等于民国以来的军阀冯玉祥一样，和士兵一起吃饭的时候啃窝窝头，回去燕窝鸡汤炖得好好的，外面穿破棉大衣，里面却穿的是最好的貂皮背心，公孙弘就是如此。季文子和公孙弘都折节——所谓"折节"，在古书上常看到，如"折节"读书。曾国藩有几个部下，器宇很大，但学问不够，受了曾国藩的影响，再回去读书。结果变成文武全才，这情形就叫作折节读书。换句话说，就像一棵树长得很高，自己弯下来，就是对人谦虚，虽然身为长官，对部下却很客气，很谦虚，所谓礼贤下士，也是折节的意思。这段书说，

175

季文子、公孙弘这两个人，到了一人之下，万人之上的尊荣，都不摆架子，自己也能俭朴、本素，可是当时以及历史上，对这两个人的毁誉，却完全不同。司马迁对公孙弘是亲眼看到的，写历史的人，手里拿了一支笔，绝不会姑息的，对就是对，不对就是不对。可是中国的历史，大多都是隔一代写的，当代多是记录下来的笔记。由此观之，问题很大，隔了一代，就有许多事情不够真实。但是评论历史人物，却的确需要隔一代。在当代要批评人物，也得留点情面，这就有感情的成分存在，隔一代的评论就不同了，没有情感和利害关系，才能冷静客观。这里的两个人，在当时的为人处世型态和做法是一样的，当代的人很难评论，而后来历史的评论，完全不同。这是什么道理？

　　范晔称：夫人利仁者，或借仁以从利；体义者，不期
　体以合义。

　　范晔是《后汉书》的作者，南北朝刘宋时的名臣。他说范晔曾说过，人并不是各个都仁，有些人拿"仁"来做幌子，在政治上假借仁为手段，以达到个人的私利；另外有些人处处讲义，做事情讲究应不应该，合不合理，可是并不一定是为了一个义的目标而做的。

　　季文子妾不衣帛，鲁人以为美谈；公孙弘身服布被，
　汲黯讥其多诈，事实未殊而毁誉别者。何也？将体之与利
　之异乎？故前志云，仁者安仁，智者利仁，畏罪者强仁。

> 校其仁者，功无以殊，核其为仁，不得不异。安仁者，性
> 善者也；利仁者，力行者也；强仁者，不得已者也；三仁
> 相比，则安者优矣。

这仍是范晔的话，他说季文子身为宰相，他的太太们身上没有穿过好的衣服，鲁国人谈起来，都认为这是自己国家的光荣。可是汉武帝时候的公孙弘，当了宰相，一辈子穿布衣服（等于现在的人，始终穿一套卡其布中山装，这样不好吗，说他作假，作一辈子可也不容易）。而和他同朝的监察御史汲黯（这个人汉武帝都怕他，监察御史的职权大得很，皇帝不对，有时他也当面顶起来。古专制时代的皇帝也不好当的。汲黯讲话不大清楚，有点大舌头，好几次为了国家大事，和汉武帝争吵，他站在那里，结结巴巴讲不出话来，把汉武帝都逗笑了，依他的意见，教他不要急），这个骨鲠之臣，硬作风的人，就当面指责公孙弘是作假。季文子和公孙弘的实际行为都是一样的，可是在历史上，季文子绝对是好的，公孙弘则后世认为他在作假，是什么理由？这就要自己去体会。

用仁义做手段来兴利，或为了天下的利益，或为自己的利益，一是为公，一是为私，差别就在这里。换句话说，历史是很公平的。如果真的做了一件事，在历史上站得住，留给后世的人景仰，是的就是，非的就非。所以前人书上的记载（指孔子的话）说："仁者安仁，智者利仁。"有些部下，怕触犯上面规定的法令，怕不合规定，勉强做到仁的境界，这样做就不是自然的，不是本身的思想道德与政治道德的修养。所以比较起来，这几种为仁的表现虽然一样，但是仔细考核起来，他

内在思想上，心理的动机是有差别的。有些人天生的就仁慈。如以历史上的帝王来说，宋太祖赵匡胤就天生的仁慈。

一部二十四史，几乎没有一个开国皇帝不杀功臣的，只有赵匡胤杯酒释兵权，成为历史的美谈。等于是坦白地说明了，他手下这些将领，在起义当时，都是他的同事，当时他只是宪兵司令兼警备司令这一类的官，陈桥兵变，黄袍加身，同事们把他捧起来，当了皇帝。后来他想也是很难办。我们看了一部二十四史，做领袖的确很难，我们常说朱元璋刻薄，杀的功臣最惨，如果人生经验体会得多了，到了那种情况，也真没有办法。朱元璋本来很好的，当了皇帝还念旧，把当年种田的朋友找来，给他们官做，可是他们在朝廷里乱讲空话，把当年小时候打架踢屁股的事都说出来，说一次还不要紧，常常说，连其他的大臣都受不了，只有宰了。不要说当皇帝，很多人上了台以后，一些老朋友、老同学，来了一起做事，也一样以老同学关系，在公开场合说空话。所以赵匡胤当了皇帝以后，一些同时打天下的人，恃宠而骄了，使赵匡胤没有办法，只好请大家来吃饭。酒喝多了，饭吃饱了，他对大家说，皇帝这个位置不好坐呀！大家说，这有什么不好坐，大家拥护你到底。赵匡胤说，你们当时把黄袍替我穿上就逼我做皇帝，假使有一天，别人也把黄袍替你穿上，又该怎么办？这一下大家明白了，站起来问他该怎样才好，一定听他的。于是赵匡胤说，大家要什么给什么，回家享福好不好？大臣们只好照办。这就叫作杯酒释兵权，所以没有杀过功臣。这是研究赵匡胤的这一面，他确实很仁慈。

另一面来说，因为很仁慈，宋朝的天下，自开国以来，始终只有半壁江山。黄河以北燕云十六州，一直没有纳入版图。因为他是军人出身，知道作战的痛苦，也知道战争对老百姓的残害，他不想打仗，只想过安定的日子，拿钱向辽金把这些地方买回来。这是历史另一面的研究。

现在讲到人的天性问题：安于仁的人，天性就良善；而以仁为利，而心向往之的人就不同了，只是硬要做到仁的境界，不是天生的厚道。而另外有些人，比主动利仁还差一级的，是外表行为勉强做到仁的标准，因环境所逼，不得已才这样做的。所以在安仁、利仁、强仁这三种性格的人，比较起来，安于仁道的人当然最好。

　　议曰：夫圣人德全，器无不备。中庸已降，才则好偏。故曰：柴也愚，参也鲁，师也辟，由也喭。由此观之，全德者鲜矣！全德既鲜，则资矫情而力善矣！然世恶矫伪，而人贤任真，使其真贪愚而亦任之，可为贤乎？对曰：吁！何为其然？夫肖貌天地，负阴抱阳，虽清浊贤愚，其性则异，而趋走嗜欲，所规则同。故靡颜腻理，人所悦也；乘坚驱良，人所爱也；苦心贞节，人所难也；徇公灭私，人所苦也。不以礼教节之，则荡而不制，安肯攻苦食淡，贞洁公方，临财廉而取与义乎？故《礼》曰："欲不可纵，志不可满。"古语云：廉士非不爱财，取之以道。《诗》云："如切如磋，如琢如磨"，皆矫伪之谓也，若肆其愚态，随其鄙情，名曰任真而贤之，此先王之罪人也。故吾以为矫伪者，礼义之端；任真者，贪鄙之主。夫强仁者，庸可诬乎？

这一段是本文作者的评论，开头一段讲到人才的道理，可以说是领导人如何去发掘人才，也可以说做干部的对自己的认识。他是以中国文化中"圣人"这个名称，来标榜学问道德的最高成就，他说：圣人是天生的道德全备（这里的道德，并不是我们现代所讲的道德观念，这是一个名称，包括了内心的思想、心术、度量、才能等等）。器识，才具，学问，见解，没有不完全的。等而下之，不是圣人这一阶层，中等的人，每个人都有他的才能，各有长处，不过所好不同，各有偏向，某人长于某一点，某人欠缺某一点。所以孔子对他的学生批评："柴也愚，参也鲁，师也辟，由也喭"，四人各有所偏。由这个道理看来，一个人"才""德""学"能全备的，就比较少了。既然全德的人是少数，要想达到至善，只好靠后天的努力，由外表行为做起，慢慢影响内在（如教学生对人要有礼貌，学生说不习惯，就教他们先由表面做起——做作，久了就变真了）。但是世界上一般人又讨厌作假，喜欢坦率。不过一个贪愚的人，也坦率，贪的坦率，要就要，笨就笨，这样的人难道就让他坦白地贪愚下去吗？就可以信任他，把责任交给他，认为他是好的吗？道理并不是这样的。"肖貌天地，负阴抱阳。"中国的哲学，人是禀赋阴阳的资质，为天地所生。外国人说上帝依照他自己的样子造人，中国人不讲上帝，而说人是像（肖就是像）天地一样，本身具备有阴阳之性，虽然生下来，清、浊、贤、愚，后天的个性各有不同，可是追求嗜欲，要吃好的，穿好的，富贵享受，这种倾向，都是相同的。所以人都要把自己装扮起来，好像女人总要抹抹口红，男人总要刮刮胡子，因为大家都认为这样好看。坐高级的车子，骑上好的马,以现代来说,坐最新颖的汽车,是大家都喜欢的;相反的,守得清贫,喜欢穷,非常洁身自爱,这是难以做到的。当然有这种人,但那是少数,不能普遍要求每一个人。至于那种处处为公,绝对不自私的典范,理论上是不错的,但事实上是不可能的,领导人要注意,如此要求,鞭策自己可以,要求别人的尺码就要放宽一点。

所以一个人要做到历史上所标榜忠臣孝子的标准,必须以学问道德,慢慢修养而来,人性生来并非如此良善。因为自己思想学识认识够了,由礼义的教育下来,能对自己的欲望有所节制,才做得到。假使不在后天上用礼义教育节制,任由人性自然地发展,就像流水一样漂荡、放浪,欲望永远无穷。如此欲望无穷,又怎么能够吃苦过日子,安于淡泊,做到绝对贞洁,一切为公,一切方正,尤其在钱财方面,临财不苟取,完全合于义礼呢?所以《礼记》上说:"欲不可纵,志不可满。"这八个字把政治、教育、社会,乃至个人的修养都讲完了。教育并不是否认欲望,而在于如何设法不放纵自己的欲望,"志"是情感与思想的综合,人的情绪不可以自满,人得意到极点,就很危险。历史上可以看到,一个人功业到了顶点以后,往往会大失败。所以一个人总要留一点有余不尽之意。试看曾国藩,后来慈禧太后对他那么信任,几乎有副皇帝的味道,而曾国藩却害怕了,所以把自己的房子,命名为"求阙斋",一切太圆满了不好,要保留缺陷。古人说的廉士清官,绝对不要钱吗?恐怕不是,一般人公认的清官包公,假使说他连薪水袋都不拿,那才是怪事哩!如果上面有合理合法的奖金给他,他还是应当拿的,所以廉士不是不爱钱,而是取之有道，对于不义之财绝对不取，已经是了不起了。

《诗经》里说的："如切如磋，如琢如磨。"（《论语》引用这两句话是从好的一面讲，这里是从相反的一面讲）人还是得像雕刻一样，用后天的努力，勉强自己，雕凿自己，慢慢改变过来（我们作学问，该有这一层领悟，也就是任何一句话，都有正反两面，乃至多角度的看法。《诗经》这两句话，在《论语》里，孔子和子贡讨论到诗，是就道德的修养而言，而这里说，一个人要改变自己的个性，由作假而变成真的，也同样用到这两句话。这就是我们写文章，以及做人做事要体会的。尤其是一个领导人，更必须有这一层认识。同样一句话，各个人的看法都会不同，所以对于别人的要求，也不能完全一致。由此可见，文字语言，不能完全表达人类的思想。如果能够完全表达，人与人之间，就没有误会了。所以说话很困难，除了口里发声以外，还要加上眼睛、手势、表情等等，才能使人懂得，有时候动错了，别人还是会误会的。在哲学观点说，这就是人类的悲哀）。

现代全世界的青年，包括中国的青年，都反对后天的约束。他们觉得一切太假了，认为人欲怎样就该怎样，所以前些年的嬉皮，就是这样，要求任真（现代所谓的放任自然）。人为什么要那么多的礼貌？那么多的思想范围？这问题是从古至今都存在的。这里就说，放肆天生愚蠢、丑陋不稳定的情绪，让它自然发展，毫不加以理性的约束，认为这样才不矫情，才算任真。那么想要杀人抢人，就杀人抢人，也是任真自然嘛！情绪上想到要抢就抢，这是自然啰！也没有错啰！但真这样就糟了，先王就成为文化罪人了（这个先王，在古文中常有，并不是专指哪一个人，而是泛称，代表传统文化）。最后作者自己的结论认为，矫情的人是作假。如小学里教孩子，一进学校要说："老师早！"这就是矫情，小孩子生出来，绝不会说"妈妈早，你好！"而是后天教育替他加上"老师早！老师好！"的观念。但人类之有制度礼貌，就靠这点矫情开始的，在教育上另用一个好听的名词就是塑造。慢慢地，作假就是真，并不是假，而是矫正过来，改变过来，成为礼义的开始。而任真的结果，就成贪鄙之主。所以勉强学仁道的，怎么可以随便批评呢？《长短经》的作者，认为强仁是对的。

这里就想到一件历史故事，晋朝有名的大臣陶侃，是平民出身，有名的陶侃运甓的故事就是他。原来他做过都督，长江以南的政权都操纵在他手里。而他还是愿意习劳苦，每天在家里把一些陶土的砖块，搬进搬出，他说，人的地位高了，筋骨易于疲惫，不能不习劳苦，如安于逸乐，一旦有事，体力吃不了苦就不行。同时他很节省，把木匠做工剩下来的竹头木屑，都留下来，堆了几房间，人家以为他小器。后来发生了战争，造战船的时候，需要竹钉都没地方可买，他就把这些小竹头拿出来做钉子用，及时造好了战船。所以他告诉部下，天下任何东西都有用处，不要随便浪费。那时正需要人才，有人向他推荐一个青年，他自己就去看访。看见这个青年住在一个小房间里，满屋的书画，可是棉被好像三年没有洗，头发又乱又长，他看了一眼就走了。然后他对推荐人说，这个青年，连一个房间都没有管好，国家天下大事，我不相信他能管理好，所谓"乱头养望，自称宏达"。这是他的名言，就是说这个青年，头发也不梳，弄得乱乱的，藉此培养自己声望，而自命为

"宏达任真"。结果一个小房间都治理不好，恐怕别无真才实学。

> 或曰：长平之事，白起坑赵卒四十万，可为奇将乎？

这是另外举出的一个历史经验。

这是春秋战国时候，一件有名的故事。秦国的大将白起打赵国，赵国打败了，四十万人向白起投降了。而白起在一夜之间，将这四十万人活埋了。在中国历史上，很多地方提起这件事，几千年来，一直到现代还提到。另一面在后人的笔记中记载，有人杀猪，刮毛以后，背上现出"白起"两个字，这是讲因果报应，说白起直到现在，生生世世还是在被人宰杀。不管因果报应的事有没有，这是中国的传统思想，战争杀人，是为民族，为国家，为正义不得已，所以没有罪。但如果为了私怨，尤其是对于已经投降了的人，还把他活埋，这个罪过可大了。根据历史的经验，这样是绝不可能成功的。看清史，曾国藩、李鸿章打太平天国的时候，李鸿章的淮军起来，不得已借用外国人的洋枪队。有一英人叫戈登，带兵帮忙打太平军，打到苏州的时候，有八个太平天国的将领带了好几万人向李鸿章投降，当时答应的条件，是仍旧给他们职务，后来见李鸿章的时候，有个人把他们都抓去杀了，以后这人的结果，还是很不好。而当时戈登，对这件事大加反对。后来历史上评论，一个外国人尚且有这样的正义感，不主张杀投降的人，可见一般人的看法对白起很不以为然。

这里就提出长平之役这件事情来讨论，白起这个人算是军事作战上了不起的奇将吧？

> 何晏曰：白起之降赵卒，诈而坑其四十万，岂徒酷暴之谓乎？后亦难以重得志矣！向使众人豫知降之必死，则张虚拳，犹可畏也。况于四十万披坚执锐哉？天下见降秦之将，头颅依山，归秦之众，骸积成丘，则后日之战，死当死耳，何众肯服？何城肯下乎？是为虽能裁四十万之命，而适足以强天下之战。欲以要一朝之功，而乃更坚诸侯之守。故兵进而自伐其势，军胜而还丧其计，何者？设使赵众复合，马服更生，则后日之战，必非前日之对也。况今皆使天下为后日乎？其所以终不听复加兵于邯郸者，非但忧平原之补缝，患诸侯之救至也，徒讳之而不言耳。且长平之事，秦人十五以上，皆荷戟而向赵矣。夫以秦之强，而十五以上，死伤过半，此为破赵之功小，伤秦之败大也，又何称奇哉？

这是引用何晏的话，来评论白起算不算一位奇将。

何晏是魏时人，他说白起活埋了赵国的四十万人是一大骗局，答应投降了就没有事，结果人家投降了，又把人家活埋。这不但是性情太残暴了，以整个战略而言，实在失策，一定会失败的。假使在投降之前就预先知道投降以后，会上当而死，这四十万人就是没有武器，赤手空拳地抵抗到底，也很可怕。何况这四十万人，身上都还穿了坚硬的战甲，手上还拿有锐利的武器，真打下去实在不易征服。不幸，大家相信，而上当受骗而已。白起当时以为做得很高明，实际上是增加了秦国统一天下的困难。他这样一来，天下人都看见了，知道凡是向秦国投降的人，都不会有好结果。投降的将领被砍下来的头颅堆得像山一样高，归秦的众人的骸骨堆起来像丘陵那么多。从这次以后，秦国如果再与人作战，大家都认清楚了，要死的时候就壮壮烈烈地死，反正向秦国投降了也是死，何不抵抗到底。再也没有人肯向秦军投降了。自此以后，秦国无论攻什么地方，都很不容易打下来。所以白起这样做法，反而延迟了秦国统一天下的时间，因为他虽然一夜之间残杀了四十万生命，相反的作用，等于告诉天下人，自己必须坚强，绝不能投降。为了希望得到一时的功劳，实际上更加坚定了各国诸侯守土的意志和决心，在战略与政略的道理上说，白起这个做法，是正在进兵的时候，自己削弱了自己的有利形势，军事的表面上胜利，而在政治上、国际上，使自己的计划走不通，这是什么理由呢？因为赵国虽然失败了，但并没有亡国，假使再起来作战，赵国的大元帅再出来一个马服君，那这下一次的战争，就不比前一次，这次秦国就会失败了。况且自白起这一手以后，列国都对秦国备战了。因此秦国统一天下的进度就慢了，所以后来始终不敢再出兵攻打赵国的邯郸，这不但是因为赵国经这次失败，由平原君起来当统帅，秦国怕了，更重要的是怕各国诸侯联合起来救赵国。秦王知道这个道理，内心非常忌讳，只是没有说出来而已。

并且以这一次长平之役，从另一个角度来看，在战役之前，秦国的兵源不够，重新发一道命令，变更法令，凡是十五岁以上的青少年都要服兵役，拿了武器，到前方和赵国打仗。这仗打下来很惨，秦国十五岁以上的人，死伤过半。可见白起这一仗打下来，并没有消灭赵国，只是骗了赵国的四十万人活埋了。而对于秦国的损害，却无法弥补。以将领而论，白起并不是一个好将领。根据一员大将的修养，要懂得政治，懂得政略，要有长远的眼光，中国历代的第一流大将都是文武兼资的。武功很高，很勇敢的只是战将，不是大将。大将都是有高度的素养。就以近代史而言，大元帅曾国藩，就是文人。

这件事就是告诉我们，大而用兵，小而个人，与敌人正面冲突的时候，都是同样的原则，要言而有信，欺骗只可获得一时的胜利，可是其恶果，则是得不偿失。

下面的讨论，就提到《素书》了。

　　议曰：黄石公称柔者能制刚，弱者能制强。柔者德也，刚者贼也。柔者人之所助，刚者怨之所居。是故纣之百克而卒无后，项羽兵强，终失天下。故随何曰：使楚胜，则诸侯自危惧而相救。夫楚之强，适足以致天下之兵耳。由是观之，若天下已定，藉一战之胜，诈之可也。若海内纷纷，雄雌未决，而失信义于天下，败亡之道也。当七国之时，诸侯尚强，而白起乃坑赵降卒，使诸侯畏之而合纵，诸侯合纵，非秦之利，为战胜而反败，何晏之论当矣。

他引用黄石公所说的原则，再加以发挥。黄石公所说的原则，也就是道家的思想：柔能克刚，弱能制强。所谓柔，就是道德的感化。过刚，就是用强硬的手段，像白起这种做法，就是贼，就是不正，过刚就是错了。有如一个人，体力不够，在街上走路跌倒，大家看见，一定上前帮助，柔者人之所助。如果是太刚强的人，那就不见得如此。太刚的人，怨恨都集中到他身上，做人就是这个道理。个性、脾气的刚柔，也是一样。历史上纣王当时百战百胜，结果还是被周武王打垮而亡了国。项羽每次战争都打胜仗，和刘邦打了七十二次战役，前面七十一次都战胜刘邦，到最后一次项羽失败了，也就完了。所以汉代的学者随何（他曾经劝黥布背楚降汉，平定天下后，汉高祖封他为护军中尉），他当时曾说过，全国人的心理并不希望楚国项羽打胜仗，项羽一打胜仗，所有的诸侯，自己害怕，就彼此联盟，帮忙互救，所以楚国越强，对刘邦越有利，大家都知道刘邦是个老实人，直爽厚道，大家都愿意和刘邦联合。所以从这个道理看来，假定天下整个的局面是安定的，只有一个敌人，只要这一次战争，就可解决一切，这样用一点假，还可以（这就告诉我们，在军事上，乃至在工作上，最高的原则，还是诚信。不诚不信，最后终归失败）。如果整个的时代是不安定的，在海内纷纷，最后到底是谁成功，还没有决定的阶段，就要注意，不要眼光短浅，不要太贪现实。这个时候，想要真正的成功，还是要诚恳。假使在这个时候失信于天下，最后一定败亡。

那么回过来看长平之役，正当七雄争霸的时候，秦国想统一天下还做不到，六国诸侯的力量还是相当强盛，白起一下子坑了赵国四十万降卒，这一决定处理下来，结果使诸侯害怕了，反而组织联合战线，合纵了。诸侯一合纵，当然对秦国不利。白起在战场上身为统帅，这一个战地的处决，把降卒活埋了，他当时还自认为这是一次最光荣的大胜利，可是在整个列国局面来讲，是秦国的一次大失败，因此何晏的说法是对的。

对日抗战的点点滴滴

　　杨麟动了一个新的念头，非常好，他想将七七事变前后，全国的青年、平民，发动抗日战争的情形，拍成纪录片。杨麟那个时候还是小孩子，他父亲杨管北先生和杜月笙先生，当时都已经到重庆了。后来杨麟由祖父带着，从他的家乡（上海吧？哪里出发我不知道。这个杨麟自己知道）到重庆大后方。他一路看到老百姓、学生们，为了国难当前，千辛万苦都奔赴大后方，团结起来为抗日战争而奋斗。回想起来，这些历史故事很多，有血有泪，非常惨痛，也很悲壮。杨麟现在已过了古稀之年，觉得自己年纪大了，怕这些历史真实资料丧失了，所以对这件事非常热情，希望把这些历史故事，编成一部电视连续剧或一本书，流传后世。我非常同意杨麟的这个主张，真的很难得。

面对历史

　　我认识杨麟的祖父，是因为他父亲的关系，跟杨麟家已是三代的交情。我在上海时，杨麟提出这个意见，我除了赞成以外，也答应把我所知道的资料提供给他作参考。他的动机跟我们是一样的，撇开政治、党派关系，撇开人我是非的意见，以自己亲身所经历、所见、所闻，讲一个公平现实的历史情况。

其实要这样做，是很难的。抗战到现在经过了五六十年了，我们中国的历史经历这么大的转变，可说是几千年来的一个大变化。由于这个大转变，许多历史真实的事相都淹没了。我跟杨麟曾经提过的，要嘛在各省、各县，乃至国民党所保留在台湾的"中央研究院"，或国内有些地方图书馆，把百年来旧的报纸、刊物（假定没有经过"文化大革命"破坏、烧毁的话）可以零零碎碎集起来。这是很重要的历史资料。

记得十年前（一九九三年），由邓力群先生他们领头的中华人民共和国国史学会，想要编写一本真正历史，由推翻清朝到中华人民共和国建立的历史，他们为这事开了一个会，想公平地讲述这段历史的经过。这件事情，曾在国外发行的一本《九十年代》的刊物登过。后来推出王震先生作名誉会长。王震先生大家知道的，是中共平定西北很有功劳的名将。不过，很奇怪的，把我也推为名誉会长了。因为他们希望对两党比较都有交情的人士参与，能很客观地编写一本历史。

这个不相干，我提这个事的意思是，真的要对历史有个公平讲法是非常难的。老一辈的人差不多都过世了，尤其亲身经历，对各党各派藕断丝连有一点交情，真知道内容变化的人，并不多了。所以看了杨麟先生拿来的这部历史电视纪录片的纲要，我就愈感觉这件事情的困难。因为这个构想，必须要有当时新闻纪录的画面。但是抗战的新闻纪录片太少，参与的人物也太少，杨麟现在都七十多了，他当时由祖父带着一路走向大后方，也没有录像片子。因此我给杨麟提议，最近我看到的一部电影《我的一九一九》，你们要写剧本可以参考一下。那是根据顾维钧先生的回忆录，写第一次世界大战后，参加巴黎和会的历史镜头，中间有新闻纪录片。那么，现在杨麟想要做这样一个大题目，是很难的，尤其是像杨麟，像我，所知道的，只是西南半个中国这一边，至于华北、西北、东北这方面的原始资料，就更欠缺了。

所谓抗日战争，以现在的立场来讲，是全国性的，超越一切党派的。至少当时在形式上，是以国民党蒋介石先生所代表的那么个局面，现在要回转来讲当时的情况，有一定困难。所以我以前就常常感叹，现在也差不多这样感叹，我告诉青年学生们，古今中外的历史，大半都是假的，人名、地点、时间是真的，内容是曲折复杂。因为都是后面的人写的历史，中间的经过，有时代的主观成见插了进去。至于小说，我说都是真的，人名、时代、地点也许是假的，那些故事里描写的人情世故，悲欢离合，大部分是真有其事的。这就是说明，要讲一个真实的历史是比较难的。老实讲，即使是亲身经历的回忆，也像是梦幻泡影一样，都非真实。就连自己本身经历过的事，要讲起来都难，何况讲一个历史大变动的事实，那就更加困难了。

关于题目

杨麟现在交给我手边这份构想，分有宗旨、作品等，跟现在演历史剧差不多。它的大题目叫"共赴国难"，这个没有错；下面小标题叫"大迁移"，这个不对，因为共赴国难不是迁移。后来我想大迁移不对，大逃亡更不对。大逃亡，好像中国人太没有志气了，这是违反中国民族的精神，这不是大中华民族的逃亡。从历史纪录上看，中国人是有过多少次逃亡了。我觉得你们也许可以用大迁移，但还是有问题。

大迁移在历史上有这个事实，譬如唐朝末代一乱，那个时候政治变化，社会变动，很多北方人过了黄河、长江，向南方各地分散，就成为各省的"客家人"了。这是唐代末年历史的浪潮。说逃亡也可以，对我们历史讲，可以说是逃亡（避难）吧！所以我经常说，客家言语是唐朝的言语系统，如果我们读唐诗宋词，必须要用客家音，或者是用福建闽南的音来读，对文学诗词的了解就接近了。如以现在国语来读就有问题，因为许多音韵都搞不通。所以广东话、福建话，我们勉强说它是唐、宋两个时代的国语系统。客家话、广东话等于唐代的国语系统，福建闽南话是宋代国难时，人民向南移动的语系。语言变化跟时代的变化有关联，文学的变化，尤其民俗文学的变化，也跟时代大有关联。

那么，我中间插入这段话，是在思量这个题目用"大迁移"或"大逃亡"哪个才好。后来我想想，抗战时发布的官话，号召"共赴国难"，用的是全国抗战"大动员"，但这个名词好像太学术化了。抗战胜利以后，大家回家接收就叫作"复员"。所以有关这个题目用"大迁移""大逃亡""大动员"，究竟用个什么说法，能非常恰当地表现出我们是在迁移，慷慨悲歌，壮烈共赴国难的一个名词？

这个题目我只提供意见，不敢作确定。为什么不敢作确定呢？这是文学性的，也是学术性、历史性的，下笔想确定一个很好的题目，实在很难。这是一点，希望杨麟你们倡导的人注意一下。现在引用很古老的思想——孔子的话，就是要"名正言顺"，名不正则言不顺，故首先要正名。

丰臣秀吉就打中国

其次，你们所提这个事情，真的要讲，可以从缩近一点时间开始讲起。要讲日本侵略中国的历史，希望大家注意两个要点：一、要研究韩国的近代史；二、要研究日本史（不是近代史）。日本侵略中国在历史上大大小小有六七次了，明朝的时候有很多次，都在东北、山东，尤其江浙、福建、广东边疆沿海一带，也包括对朝鲜侵略在内。这次，我们说的"抗日"，是指日本正式的侵略，可以说是第八次，是最大的一次。

由于大家没有好好研究日本史，所以对于日本过去侵略我国沿海，满不在乎，只在历史上小小地记录一笔，因为国家疆土太大了。

日本人侵略中国，在明朝很严重。明朝时代日本出了一个军阀，我们叫他是军阀，而在日本史上叫作幕府。那位幕府首领丰臣秀吉，在日本史上是非常有名的一个人物，他是贫民小子出身，最后整个日本都掌握在他手里。所以日本的天皇，讲起来很好听，两千年来始终是个傀儡，很可怜的。如果研究日本史，就知道天皇常常被幕府们逼得没有饭吃，要宫女们拿字画出去卖了过生活。我记得日本有一代，一个皇后带着太子跳海自杀，可怜到这个程度。当然，现在我也懒得翻日本史，只凭脑子的一点记忆。那个皇后带着皇太子被权臣逼得没办法，带着传国的玉玺、宝剑一起跳海了。也可以说日本后来的天皇，玉玺、宝剑都靠不住了。在我们明朝时期的丰臣秀吉，想要先侵略朝韩再打中国，他预定日本帝国的首都在"宁波"，而朝鲜、东京只算是陪都而已。

再插一段民间流传的小故事、小笑话。道教江西张天师是唐宋时给的封号，抗战的时候，张天师逃到上海，后来到台湾。张天师说他是有法术的，他的法术令牌就靠他一颗印和一把剑，不然鬼都不听话。结果宝剑在上海嫖妓时被妓女偷走了，印也掉了。这等于我讲到过去日本的天皇是很悲惨的那样。后来天皇的权威树立起来，是在明治维新时代。

我讲这个的意思是，要讲真的历史真是太难了。尤其我最近常常发现，中国人研究文化史以及历史的演变，并不懂日本史、韩国史，只单独看中国跟西方的冲突，忘记研究整个大亚洲的历史，包括日本、韩国、越南等，这样就会忽略整个汉文化大圈子与西方文化的关系。现在大家研究学问，只针对西方史跟中国史演变的冲突，就以此来概括了东方历史的演变，那是有缺陷的。

有骨气的人

我这些话插进来讲，也是多余的。不过也说明杨麟他们要做的这件事，至少要从光绪二十年甲午战争（一八九四）开始。其实在这之前日本早已开始侵略中国了，这其中经过了许多年，我们才正式开始抗日战争。辛亥革命是一九一一年，民国元年是一九一二年，推翻清朝，建立民国，国号是中华民国。这中间特别要注意的是，五四运动发生在民国八年（一九一九），那时候中国国民党没有统一全国，因为这时整个中国，是被所谓军阀所占据；如以古代的观念来讲，就是被地方的诸侯霸占着。北方是被北洋军阀霸占，国民党只在南方广州一带活动，范围还很小。而中国国民党的假象统一，是在一九二八年日本人杀了我们一个外交官蔡公时，史上称为济南惨案的这个阶段。当时张作霖占据北京，惨案发生后，他就通电全国，希望北洋军阀和南方国民党、共产党（统称为革命党）停战，张作霖则退出北京回东北。他是土匪出身，想保持武力，占据东北一方，找机会再称帝称王吧！不过张作霖有一点是了不起的，他扩充军阀的势力，在东北独霸一方，自称是大元帅，军费靠的就是日本人帮忙。日本人这个时候想捧他出来，表面上要他出兵打内战统一，实际上是日本人想利用他作为傀儡。

我所以讲，张作霖也好，蒋介石也好，毛泽东也好，这些人物们在中国历史上都是值得大书而特书一笔的，他们是绝不愿意做汉奸的。张作霖之所以当时退出北京，通电要南北停战，就是明白告诉日本人，你要我做你的傀儡，让中国人打中国人，绝不可能。你帮助我，我很感谢，做傀儡这样的事不干。日本人认为对张作霖是没有把握了，因此在他退出北京，乘火车回东北时，在经过皇姑屯时将他炸死了，连火车都炸了。他被炸死后，他的部队拥护了他的儿子张学良。这是中国人宗法社会父业子继的观念，部下捧出他儿子张学良，叫他张少帅。其实，张学良只是纨绔少年，公子哥儿而已，懂得什么！这些纪录都有资料可以查清楚。这个时候，北洋军阀已经被南方的革命军（国民党联合共产党）统一了，这个历史的关键，我们很清楚（下面有补充）。后来国民党买通了东北军的部下，说服张学良易帜，归顺中央，不叫作投降，只叫易帜，这样就算南北统一了。这年（一九二九）日本撤出山东，有名的济南惨案也解决了。

中国的学生运动有好几次，学生运动在中外历史上是好事，是坏事，很难下定论。济南惨案的时候，也有学生运动，北洋军阀处理这种事，是对外外行，对内内行，他们只是开枪打死人。所以中国的青年知识菁英分子，常常在国难当头，不管在对内、对外战争，常遭遇莫明其妙而死的很多。

"九一八"与义勇军

你们演这个历史剧，最重要是九一八事变。当时表面上张学良归顺南方假象统一之后，不过两年，就在民国二十年（一九三一）九月十八日，日本就正式进军沈阳，占据整个东三省，这是有名的九一八事变。那时南方国民党政府的力量，达不到北方，北方张学良的部队，据说是奉命不抵抗，所以老百姓很愤恨。这个阶段，有个最有名的大逃亡，就是你们所讲的大迁移。东北人不愿意做亡国奴，纷纷向南方逃亡，向南方迁移，这场面很大。东北的青年们，如以马占山等为代表的，成立了义勇军。像我们那时都还很小，才十几岁，是小学初中的这个阶段，听到这些事，都很想到东北参加义勇军。今天正在讲，刚好马有慧小姐来了，说他爸爸（马万祺先生）比我小一两岁，当时在广州，也想到东北参加义勇军，这是当时全国青年的热情。也可以请她爸爸讲一段，凑拢来，多一点资料。

义勇军这里头的故事很多了，我的朋友们，包括当年大的义勇军领袖马占山的参谋长刘建华等，对我们亲口讲了很多故事。所以东北向关内大逃亡，老辈子的都知道，有两首名歌叫《松花江上》《长城谣》，抗战的时候非常流行，现在好像很少人唱了。这是非常悲壮的两首歌，音乐非常感人，当年听人家一唱就会掉眼泪。再讲老实话，现在大陆唱的国歌"起来！起来！不愿做奴隶的人们……"这也是当年的《义勇军进行曲》。那个时候不愿意做亡国奴的人，都向南方来了，离开了家，离开了故乡，离开了爹娘。

讲起东三省被日本占据，大家不愿意做亡国奴的人向南方各地逃亡，不算逃亡吧！是向南方来找本钱，找枪支、弹药，想如何回去打日本人。说是逃亡吧，也像是迁移。我有好几个好朋友，后来都在台湾碰面，有文的有武的，像刘建华是军人，他是黑龙江人，还曾去过日本。日本人扶持了满洲伪满政府，又利用蒙古德王统治，成立了一个蒙古的自治区，刘建华做过蒙疆德王政府绥远警察局长，他是替重庆做特务工作的，可以说是抗战的特务头子之一。抗战胜利时，宣布他黑龙江的司令。我曾问刘建华，你们义勇军当时是怎样起来的？他说：哎呀！我们东北人从爷爷起，三代人都恨日本人，我当年十九岁，想杀日本人，什么都没有，恨极了，没有钱，没有枪，没有弹，就是靠满腔热血这样起来的（按：曾出版他自述的《东北义勇军与抗战》）。像他这样的故事还很多。

在历史上的实录，一九三七年七月七日，日本人打卢沟桥，真正抗战才算开始。其实真讲抗日，东北的这一段大迁移就已经是抗日的开始了，这些故事是很悲壮的，可惜都收集不起来了。不过义勇军的寿命不长，他们当然打不过日本人，日本有精良的武器。后来义勇军的头子马占山，跑苏联去了，最后又回来参加抗战。

讲到这里有一段，你们要注意，很壮烈的，老辈子有些人还在的，都知道，那就是在一九三二年上海的抗日战争，这个你们可以查。应该是四行仓库事件，我是完全凭记忆说，手边没有资料。

我的浙江同乡

到了民国二十六年（一九三七）七月十七日，针对卢沟桥事变，正式全面展开抗日战争。跟着就是在上海作战，这一幕也是很壮烈的。有人说国民党蒋介石的部队完全没有抵抗，其实不是的。如果公平地讲，蒋介石是够可怜的，在卢沟桥事变以前有西安事变（一九三六）。那时我已经在杭州，一边做事一边读书，我晓得西安事变里头很多零碎的故事，因为此事与我两个同乡都有关联。一个是张冲（张淮南），这个人很奇怪的，他是国民党，但和共产党关系非常密切，与张学良的关系也非常密切。西安事变奔走最有力的是他，那个时候他地位不高，蒋也知道周恩来跟他很好，他在中间奔走。

另一位是外交部亚东司司长高宗武。这些人物跟我的关系都很密切。他们两位跟我都是温州乐清县的小同乡，年龄跟我相差一二十岁，后来我的事情与张冲也很有关联，他也很帮忙。还有西安事变时陕西省财政厅长朱镜宙，他也是我的同乡和先后同门的同学，也是被张学良扣押在内的人。后来，策划在南京成立汪精卫伪政府的，就是高宗武。伪政府成立以后，他又讨厌汪精卫乱搞，就逃出南京回到重庆，这是历史上非常有名的高、陶（陶希圣）事件。在抗战还没有爆发以前，所谓的大汉奸殷汝耕，就在河北成立了冀东伪政府，他是温州平阳人。唉！温州真是非常奇怪的地方。我讲的这些，都只是提出一个个题目而已。

高宗武的事

后来高宗武在台湾跟我碰面，他父亲和我父亲是知交，他到美国是蒋老头拿五万元美金叫他赶快出国的，这经过也很有趣。后来他从美国回到台湾看蒋介石，那一天我请他两夫妻吃饭，作陪的，我请了杨管北先生、程沧波先生，还请有萧政之先生。高宗武酒喝得很多，就告诉萧政之说："嗳！你是管军容军纪的，我是大汉奸啊！你可以抓我，随时可以枪毙我的。"大家开玩笑着说。

我说："不要喝醉了吧？萧政之不但不会抓你，还恭维你是老前辈呢！"

他还当着杨管北对我说："我啊！历史上骂我是大汉奸，也有人讲我是大爱国分子，我都不在乎，我唯一在乎是你。"我说："什么意思？"

他说："你小的时候，我就晓得你将来是会写历史的人，你对我的看法（评价）是什么？"

我说："你不要开玩笑了，抗战以前你的声望如日中天，是亚东司的司长，管日本的事务。那时你才三十出头的岁数啊！比我大了好多，你爸爸到我家跟我爸爸谈话，我是在旁边听的。现在你叫我对你下一个评价，我是后辈，很难啊！"

他说："老兄！不要客气了，我们是通家之好，你将来是历史人物啦，你讲吧。"

我说："你真的要我讲？你酒没有喝醉？"

"没有醉。"

"我给你个评价：汉奸嘛！好像也是；爱国嘛！也不错。我看来在汉奸爱国之间，你是个赌徒。"

他眼睛发亮，拿着酒杯看着我说："这怎么讲？"

"人家赌是赌钱，赌身家性命，你是拿国家出来赌，赌自己的一套。"

他说："你说得太好了，你将来写历史就说我是乐清一赌徒吧！"

在我的诗集上有一首诗，就是当时高宗武离开台湾时送给他的。诗云：

震世声名忆昔年　愁多家国海如天
风云陈迹依稀在　今古茫茫梦似烟

抗战时全国青年、爱国志士以及普通老百姓，他们如何逃亡，下面再补充一点给你们作参考。这些是让你们写剧本，以这个历史背景作陪衬，那才是伟大的作品。不过很难喔！那时北洋军阀已经没有了，可是牵涉到现在的政治。

孙中山 袁世凯 蒋介石

抗战前后，国民党以蒋介石作中心的政府，统一了全国没有呢？没有。孙中山够可怜，蒋也是够可怜的。

假使孙中山先生不早死，推翻清朝后，真的统一全国，主持政治，他的是非功过的结论就很难讲；因为早死，倒真变成中国的圣人一样，真变成印度的甘地一样。

推翻清朝以后，成立中华民国，孙中山让位，由袁世凯当大总统。袁如果没有野心，抛开帝王思想，好好做一个现代化的总统，那真是历史第一人，可以说是跟美国华盛顿差不多了。结果他不干，不到一两年，他想当皇帝了，造成悲惨的下场，让中国的进步推迟了七八十年。

抗战胜利，蒋介石的声望如日中天，全世界闻名，真是了不起的一位民族英雄，他的功过是非也都不谈了。他要是在抗战胜利后，下台一鞠躬，不管国民党也好，共产党也好，什么党也好，你们大家自己干吧！我太累了，不干了。那也真是千古一人，不得了的。可是偏偏想在自己手里完成国家的统一，建立一个新的国家，结果犯了两句古话："力小而任重，志大而才疏。"

杨麟父亲的朋友杜月笙，我跟他见过面，但交情不深，杨管北跟他交情最好。杜月笙批评蒋介石两句话，很有道理，这话拿来批评别人也一样。他说："蒋委员长不行啊！民主没有度量，独裁没有胆量。"抗战以后，他个人有理想，不肯下台，才闹成这样，他又把中国历史拖迟了二三十年。

我补充蒋介石当时所谓北伐以后，抗战以前，为什么没有统一的道理。这里面有一个最高的历史哲学问题，也是一个很严重的问题，也是中华民族到现在为止仍很可怜的原因。推翻清朝以后，北洋军阀占据了半个以上的中国。北洋军阀不是指一个人，这就要从李鸿章的淮军开始。所谓北洋水师，北洋武备学校，都是李鸿章手里创办的，培养新的一批军人，要强国，使中国走上新的路子。河北一带有北洋武备学校，后来水师（海军）在甲午战争中被打败了。海军也有南洋武备学校，南洋比北洋迟一点，这些都是历史问题。而这个时候，在清朝快要被推翻以前，各省各地都有军事学校，譬如有浙江讲武堂、云南讲武堂，有些叫陆军小学，武汉张之洞那个是小学还是讲武堂记不得了，这些军事学校各省都有。这批培养出来的军人，后来大半统称为北洋军阀，都是军阀思想。最有名的是接北洋武备学堂之后的保定军官学校。

发挥抗战精神的三部小说

什么叫军阀思想？唉！讲中国文化，不要老是认为儒家、道家就是中国文化，这都是乱讲。我说的，能够发挥抗战精神的是三部小说：《三国演义》《精忠岳传》《水浒传》，这是全国不管上、中、下都知道的中国文化。民间的还有几部小说，有迷信色彩的《封神榜》《西游记》；另一部是讲知识分子的《儒林外史》。不过，学者们才是研究中国文化的，我不是学者，我是个跑江湖的。事实上，一般人都是受这几部小说的影响，并不是儒家的大道理。抗战能够打下来，全民是靠这几部小说的思想精神所支持的。所以我笑戴雨农、康生这些做特务的人（康生还谈不上），他们的精神是《七侠五义》加上《三国演义》。你以为戴雨农所领导的特务是三民主义的精神吗？不是的。他挂个关公像，大家磕头，起来发誓，要为国家尽心尽忠。我跟戴雨农是朋友，经常说笑话，大家不要小看这种精神，就是这个特务组织，像帮会一样，才能跟日本作战。戴雨农在大后方所培养的人，为了打日本人，打游击战、搞暗杀，都是这个精神来的。

我为什么讲这一段呢？中国推翻清朝以后，这些割据势力的军阀，有些人也是出去留过学的，都是到日本学军事，到德国的也有，但是清朝派去德国学军事的，后来也起不了作用。所以我说中国文化一百年，凡是军人，满脑子思想离不开《三国演义》；社会上的黑道白道离不开《水浒传》的思想，《三国演义》的思想。我可以用三句话概括：这些人都想"纵横天下、割据城池、独霸一方"。这些军阀们，学了军事以后，都想当刘备、孙权、曹操。像我们当年出来学军事打天下，也又何尝不是！现在有没有改变，我不知道。

军阀遍地

推翻清朝以后，国民党在广州，孙中山最先领导，后来蒋介石、胡汉民、汪精卫等接手了。共产党这时还没有起来，五四运动以后才起来的。

这个时候，陕西的是冯玉祥，是西北军的代表，山西的阎锡山，两广的陈炯明（算一个吧）、李宗仁、白崇禧。至于北洋军阀的代表吴佩孚、孙传芳等，也都是各怀二心，后来每一个人在表面上，都说归顺了中央，拥护中央，其实都是山头主义。

譬如山西阎锡山，山西在春秋战国时属晋国，阎锡山有他自己一套的政治理想，可以说是理学家的一套加上军阀主义。山西修的铁路，连轨道都是小的。国家的火车到了山西进不去的，另外要换山西的小火车。

冯玉祥占据西北，信基督教，所以叫基督将军。东北是张作霖，后来张作霖被日本人炸死，归张学良；张学良当时也是一个刚成年的小孩，懂个什么！什么都不懂，少爷出来，很冲动的。蒋氏夫妻对他是很好，其实对他好的还不是宋美龄，是她弟弟宋子文。张学良抽鸦片抽得戒不了，杜月笙也是他好朋友，后来宋子文和杜月笙把他弄到上海，硬把他绑起来戒掉。

所以东北有张学良靠过来，可是这时四川的军阀不只是刘湘，还有刘文辉、邓锡侯、潘文华、杨森等等，是十几个军阀霸住一方。那些军阀为了收税，我打你你打我，四川一省就这样打来打去，打了十七八年，比中国内战还闹热。每个军阀都收税，把中华民国一百年的税都预收掉了。所以抗战开始不久，民国二十七年（一九三八），我从重庆到成都，在车上，沿路看到路边躺着饿死的、冻死的人很多。为什么四川那么富有，会变得那么穷呢？就是被军阀收税收掉的，刘湘是后来的一个代表。

为什么说蒋介石那么可怜？他没有统一过啊！都是靠协商。他自己也是日本留学生，你不管他留学多久，但他知道打不过日本。中国要拿什么武器跟人打？国内又那么乱。所以他提出一句口号"攘外必先安内"，也是有道理的，第一先对付军阀，其次才是共产党。"攘外必先安内"，可以说是韩国大院君也说过这样的话。大院君跟明成皇后的电视剧，你们应该看看。但蒋没有眼光，他忘记了国际的发展情势。我们现在不要轻易谈，这些是过后方知的话，假使我们在当时，也会是像他那样。因为在那个时候，力量用不上，国际的情势很难断定。在外交关系方面，那时候全世界看我们非常落后，是很野蛮的一个国家。所以当时在全国没有统一的情况下，才拉拢这些西北冯玉祥、山西阎锡山、两广李宗仁等等的军阀，还谈不到四川呢！蒋所主持中央的军事委员会，那时只派了一个参谋团进川。他们都是黄埔军校同学，所以我到四川时，那里军阀非常怀疑我，随时要杀掉我，以为我是参谋团的人。

蒋对四川更没有办法，他想国内先弄好再慢慢计划对付日本人，结果来个西安事变。张学良是他部下，也有人说是他的干儿子。西安事变以后，中国有些文人送张学良一副对子："两度被人呼不孝，一生误我是聪明。"父亲被日本人炸死了，没有出兵打，西安事变绑架蒋介石，逼他抗战。所以我们看看蒋老头的日记就知道，现在他一生的日记也不知道流落到哪里，也可能被人家篡改了。西安事变当时，宋美龄出来的日记，引用过蒋的宁波话。其实蒋何尝不想抗战！没有办法抗战！所以他自己说是"寒天吃冰水，滴滴在心头"，心很冷、很痛苦啊！我很同情他。

他爱黄埔

我批评他是浙江人的器度，最好只做个吴越王钱镠就好了，一样是了不起的英雄。我们浙江人晓得浙江人的毛病，他要当全国的领袖就难了，包括孙中山先生，都是南方人，胸襟、器度、思想，聪明有余，但傻瓜厚道的劲不够，做领袖的人有时要带傻劲的。所以中国当时是这样的一个局面，很难弄。

卢沟桥事变一来，逼不得已起来抗战，你说拿什么抗战？没有枪没有子弹，老百姓打游击是用长枪，就是老式的木棍上绑一个枪头，用长枪、大刀砍那个坦克车（现代化精良的骑兵），行吗？

他培养了黄埔，其实黄埔同学，精良部队没有多少，各处的地方部队也是乱七八糟。当然蒋有点私心，也有错误，想把自己培养的学生部队好好保留，作正式用途。譬如七七事变以后，撤退南京开军事会议时，问这些地方的将领们，谁愿留守南京？有一个湖南人唐生智，是老军阀，这个人曾多次背叛老蒋，可是老蒋还用他。这时唐生智便说：我留守南京，死守南京，与南京共存亡。蒋老头也很有意思，唐反他多次了，他还是用唐死守南京。你也可以说他私心吧！让唐去送命。但是也不是那么讲，南京终究要打一仗的，谁愿意留守啊？结果日本攻进南京时，唐先逃走，一枪一弹都没有打。你说这样的一个国家，这样的部队，要来打仗，怎么打？

所以国民党最惨的，我亲眼看到，就是原来是募兵制。例如我是招兵司令，到一个地方招兵，插一个旗子，号召一下，地痞流氓都来，先发一点钱，跟我去打仗吧！也没有枪弹，也没有衣服。这样带兵，慢慢有几把破枪几颗子弹，能不能打也不知道。后来就变成征兵制，国民党蒋老头时代就是征兵制。征兵制是全国皆兵，三个兄弟出两个，独子的不出。这征兵制又被地方上的土豪、劣绅、地痞、流氓利用，买兵的、逃兵的、民怨沸腾。"这是我的儿子，抗战应该的，但我的儿子可不能去啊！"人嘛！都有这个心理，爱国，可是爱啊！都爱自己。像我们出来参与抗战，那也不是父母同意的，是自己出来的。这种抗战时的一片乱象，我只讲一个大概，至于杨麟所看到的，还是后面的。

奔向大后方

七七事变刚刚发动，还没有到南京、上海时，我在杭州，就有个考虑，一开始想到北京再去读书，后来一想不行，非做军人不可，这个时代没有办法，只有打仗。但是到哪里啊？那个时候就决定去四川。一方面学佛学道，一方面要做英雄，到那里看看，那里人多兵多，可以征募。后来听说打到上海、南京，火车上面都是人，老百姓逃亡，大家背着行李向南方逃，至于逃哪里去，谁也不知道。浙江大桥都挤满了人，有掉到江里去的。逃亡的人，那很稀奇了，有钱的、没有钱的都乱挤，路上自己挤死的就很多。我开始要到四川时，大家还笑我，你这个人那么聪明，有理想，你跑到四川那个鬼地方去干什么？我只好跟他们说，我去学剑学武功。哎哟！你怎么搞的！太偏爱武功了。等到半年以后，连政府都迁到重庆了，那些老辈子朋友都说，"你有先见之明"。我有鬼的先见之明！不过是有个理想。那时要想站起来，只有自己带兵，正式搞一个部队要好多年，我去拉土匪成立部队，收拾这些流氓。

这么乱的局面，逃亡看到的，听到的，悲惨的故事太多了。有一家人，母亲带着两个儿子逃亡，一路逃一路跑，也没有吃的，到处讨饭。母亲路上病了，最后决定把自己憋死，叫儿子快走，免得拖累儿子。

不能光写逃亡，还有在沦陷区里，日本人进来强奸妇女，有位太太被强奸了，丈夫看到也被杀了，全家都被杀。这个女人哈哈大笑，起来以后，就开个酒店，让日本军来喝酒，打扮得非常漂亮，最后慢慢熟了，把一班十几个日本军，统统灌醉，夜里拿着菜刀全部砍掉，最后自杀。

还有，大家还知道有一首歌叫《何日君再来》吗？那就是当时在重庆大后方培训出来，派到日本占领地区从事敌后工作，在送行时真情的流露写照，不是虚构的。总之，再到敌人后方去做抗敌工作的，都是以必死的决心，真是何日君再来啊！

后来各个大学迁移，西南联大、西北联大，八个大学在成都华西坝那里（齐鲁大学、金陵男大女大、华西、燕大……）。当时还有个对子是针对他们讲的：

金男大　金女大　男大当婚　女大当嫁　齐大非偶
市一小　市二小　一小城南　二小城北　两小无猜

各地许多中小学生也在逃亡，所以小学中学一路走的很多。当时办教育印书的负责人是宋今人，也是我的朋友，属于国民党宣传部管文化的，后来到台湾也不做官，办一个真善美出版社，专门出武侠小说卖。我笑他，你的名字取得好，叫宋今人不是宋古人。在台湾，武侠小说出版，是他开始出钱雇人写的。他不做官，因为看破了，灰心了。

中学生的逃亡，杨麟大概没有看到，这些人家破人亡，等于是孤儿，跟着学校走。身上背着板凳、书包，那时没有书，所谓书是印在泛黄色纸上，像揩屁股的草纸一样，印出来供给流亡学生读，由老师带着学生，边走边逃日本的飞机轰炸。休息时，板凳一摆，就地上课，上了课又开始走，这样一直到大后方的重庆各地。这个场面很多很伟大，可惜没有纪录片。我现在讲是几句话带过去，这够你们演电影演好几幕了。

悲惨的逃难

这是平民的逃亡，可是平民的逃亡，有些是盲目的，有些是逃避灾难的，有些则是流氓，反正跟到人潮乱走的，里头有好人有坏人，很杂乱。有人因饥饿而死，因挤来挤去蹑踏而死，也有孤儿寡妇的故事。还有我们晓得像杭州、苏州一带，这些千金小姐，原来不出闺房一步，因为日本的飞机轰炸，所以她们也都出来逃亡。那些小姐们从来不出门，一路走，不晓得米是长在哪棵树上，于是就发生被骗财失身的、恋爱的，悲惨的遭遇很多，写小说可以写一千部。譬如有两件最明显的事，我从成都刚好离开到重庆，等从重庆回来，成都被炸了，他们告诉我，有一家上海人，有女儿、儿子，带了十几个皮箱，全家逃到成都这个大后方。刚刚住进旅馆，警报响了，成都人都出去逃警报。这一家累极了，心想我们逃那么远逃到成都，轰炸没有关系吧！结果这家人全被炸死了。

以这个故事作例子，千里、万里迢迢由上海各地到成都后方，中间却冤枉而死的很多。所以你们真正要晓得，我们当年在路上想到的"国破山河在，城春草木深。感时花溅泪，恨别鸟惊心。烽火连三月，家书抵万金"。在那个时候慢慢就会体会，像我们离开家乡，八九年都不敢跟家人通信啊！所以家人不知道我的生死，我也不知道家人的生死。这样的情况太多了。

第二个故事。有一家上海人逃到了贵州边境，警报响了，很饿，看到一个贵州的乡下人，拿两条苞谷（玉米）在啃。上海人实在很饿，这老板拿出一两黄金给这乡下人，叫他把这苞谷卖给自己。那个乡下人也听不懂上海话，就拿过来问："这是什么？""这是黄金。""我看看，喔！这是黄金啊!？你要干什么？""一两黄金买你手上玉米。""不！不！我还没吃饱。"黄金也不要了。

这些是逃亡故事的小插曲，诸如此类的故事非常多。

据所知道的五卅惨案，以及后来要求抗战，国民党收拾共产党，共产党反击国民党等，因这样内战而死的全国青年知识分子有很多。譬如我那个乡下小地方，有三个青年，读书读得很好，也读到大学，爱国家，抗战以前都出去，可以说跟我提到的张冲、高宗武等差不多，他们从抗战以后到现在，也不知道下落。我还记得有一位前辈老先生，他作一首诗，怀念这些结了婚，为救国家都出去的年轻学生。

壮士十年归有约　如何北雁少南来

白头二老闺中妇　东阁殷勤待汝开

"壮士十年归有约",壮士出门讲好归来。"如何北雁少南来",我们是南方人,他们离开家乡大概到北方参加义勇军,没回来。"白头二老闺中妇",父母都等到头发白了,太太刚结婚先生就走了,没有生孩子。"东阁殷勤待汝开",在家里等你啊!

抗战逃亡的和救国的精英分两路,一路向南方辗转逃到重庆、昆明等地,包括妇女逃亡。这一段杨麟自己补充了。杨麟的阿姨也是很辛苦跑到四川的,一个人那么了不起,从上海到福州、江西逃到重庆,像这样的妇女很多。

我帮助好几个朋友,寄钱给他们,叫他们到重庆参与抗战,结果他们跑到延安去了,读抗日大学。像这一路跑北方的青年,多半是参与军队,并不一定是为了共产党、国民党,只晓得是要抗日,只要有人收就干了,所以究竟是共产党?国民党?都不管。

少将满街走　上校多如狗

后来我在军校做教官的时候,是负责政治教育的。戴雨农办了很多特务的学校,戴雨农有时说:喂!你到这里给他们讲一讲。我说我给你出主意可以,我就不讲了。当时的国民政府军事委员会总政治部主任张治中,是后来跟共产党和谈的代表,安徽人,上将。记得有一度我还跟他吵过架。我说现在全国青年参加军校，我们全国七个分校，每一年毕业那么多学生，还有步兵学校、骑兵学校、炮兵学校，这是中央系统的，加起来每年毕业的起码几千。还有抗战时候有抗战团，也是属于中央军校分校。各地也办学，西北胡宗南、葛武棨、蒋坚忍（蒋介石同宗的侄子做政治部主任），西北的战干团（战时干部训练团），各军区还自办训练团，我不太记得了，要查一下。共产党在延安的陕北公学，也是抗战时办的，像刘雨虹就是陕北公学的学生。再加上毛泽东在延安办了抗日大学。

但是我们军校黄埔精神，是培养统帅的，培养英雄的，每年一算毕业万把人，教人家革命，也是搞破坏的，万一国家不打仗，这些人到哪里去啊！因为一点建国和建设的本事都没有教。我们这里是革命大本营，可是现在的教官，能干的不肯干，肯干的不能干，剩下的跟我一样，既不能干又不肯干。张治中听得眼睛瞪着我，火来了。我也火来，管你阶级比我大，他也知道蒋老头子对我特别好，他不敢跟我碰。我说不但如此，我们为了抗日，一年训练的将领几千、万把个，都想当统帅，都想统治一方做英雄的，有一天我们亡掉也好，日本人打败了也好，我们培养出来那么多的英雄统帅，这个国家（一定会）乱，怎么乱法就不知道了。我说我们中央计划的军事教育是怎么搞的？就这样两个人吵起来。

爷爷上八路

但是我讲的话，后来都兑现了。等到后来抗战胜利，我到南京，坐火车在车上碰到那些军人。我身上有一本红护照是部长阶级的，当时为了救一位和尚巨赞法师，从杭州动身到南京，我那个红护照坐头等火车不必买票，是国家付账。我那阶级是部长级嘛！什么部也不知道，反正是他们给我的。结果上车，满车都是人，我没有地方站，就到厕所站。我站得很累了，看到两个军人的行李有一个是木头的，想坐一坐，刚挨到屁股一坐，那个军人就骂我。那个时候，我是穿长袍，不穿长袍的话更要挨骂。我说对不起！对不起！站起来慢慢跟他沟通。他一路斜着眼睛看我，越斜眼睛我越勾搭他。我说："你好像是军校学生一样。""是啊！我是十五期的。"我说："你们十四五期，我都在那里讲课。""啊！教官！请坐。"我说："不坐，南京到了。你们现在到哪里啊！""现在到哪里你还不知道吗？抗战胜利了，他们裁军不要我们了。"东北裁了大量部队，都到林彪那里去了。这些部队还非裁不可，但裁了就参加共产党，林彪就是这样一下长大了。那个时候，国共两党表面上还是合作，朱德统领八路军，是共产党的总司令。他说："此处不留人，自有留人处，处处不留人，爷爷上八路。"我说："你们这不算是投共吧？""教官！现在还说什么投不投的，反正是中国人乱搞，没办法。"所以抗战胜利后，情况乱得不得了。

（二〇〇三年十一月二十六日，南怀瑾先生讲述）

我前面对杨麟讲的这些，都是大概想到就讲，没有再追忆详细经过，也没有核对时间，感觉零碎不够集中，跟杨麟要做的"大迁移"好像有关，又好像没有关。只给杨麟作个参考，这些资料有许多在各方面已有纪录的，但有些是我们知道的，亲见过、问过当事人，只是要再补充一些。如果未亲自见过、听过的，太间接的我就不讲，你们自己再补充吧。

五十万银大洋买半个中国

譬如我讲到东北张学良的易帜，归顺中央政府统一，据我们所知道的真正内幕，实际上不是北伐而统一，是用谋略成功的统一，同时是用钱买来的。当时，表面上南方的国民党政府是北伐，实际上是政府派吴铁城作代表，去东北谈判交涉，幕后真正代表是何成濬（字雪竹），那是非常有名的，后来大家叫他军师，是湖北地方的实力军阀。他当时也带了许多人去做工作。我还记得，过后讲起来是花了五十万银元，把东北张学良那边买过来的。所以何雪竹回来给蒋委员长的报告，就是讲这件事：买通这些团长、营长，起码一百块，这些没有办法报账；团长以上的每人五百、一千，还可以报一点账，怎么办？这是何雪竹后来我们在台湾碰面，大家吃饭时谈起这个故事，当成笑话讲，其实是真正的历史，很重要。蒋老头子一听，桌子一拍："唉！雪竹啊！我们是老朋友了，五十万银大洋买过来半个中国，还有什么账可报的！一切我负责了，所有是非功过我背了，你已经是立了大功。"这是一个补充。

真假冯庸

东北当时义勇军很多，当然归纳起来讲，总的一个头子是马占山，还有一个小的叫冯占海，也是义勇军的头头，都是以抗日为号召的。当时还有个对不起来的对子："马占山，冯占海，山海关前移山倒海。"当时打仗，打一下停一下，很可怜，因为没有武器，只是一股民族忠义的勇气在打。那时东北参与这些的，有一个很有名的文人冯庸，是东北的大学校长，他幕后策动很多东北的大学、高中、地方青年学生，出来参加义勇军。

几十年以后，我们在台湾，有一次闹了一个有关冯庸很有趣的故事。这是插进来补充。当时我在杨麟父亲杨管北那里讲课，听课的人很多，里头有黄埔一期、二期的同学，譬如葛武棨，他是胡宗南的政治部主任。那天葛武棨就来跟我讲："你晓得吗？有个东北大学原来很有名的校长，抗战时期的英雄之一冯庸，到了台湾。"我说："真的吗？他年纪很大了，你我看他都是前辈。"他说："对啊！他学道学佛，很有功夫，现在在传道，还传人家男女双修。"我说："不会吧！那一定是冒充的。""是真的，他想要我带他见杨管北。"我说："你少找麻烦，现在骗子很多，他想找杨管老是想弄钱吧！""不一定。"后来我跟管老一讲，两人一笑，"好吧！请他过来吃个饭看看。"结果，被我们东一谈西一问，发现他是骗子。

这是插曲，跟你要演的戏没有关系，不过有时候这小事情，也可以产生一点灵感。抗战时奔到大后方的人很多，到前方去打仗，参加游击队的人也很多，有好有坏，不过大体上讲起来，都是为国家民族，在大灾难时站出来，这是真的。

低调俱乐部与焦土抗战

另外一段，杨麟应该知道可以补充的。实际上我们在抗战中间的故事很多，我现在是一段一段地想到，支零破碎告诉你。譬如抗战打到四五年以后，就是杨麟爷爷带他到大后方这阶段，过一阵子，日本人要想跟国民政府谈和，有没有这个事实？有，绝对有，不但是汪精卫联络日本人，高宗武、陶希圣也帮忙的。高、陶等人，使汪精卫、陈公博、周佛海等在南京成立伪政府。其实，当时想谈和的日本人，跟重庆有没有一条线？有，我现在晓得有许多历史的秘密，都已没人知道了。他们也想跟蒋谈和，如果蒋同意谈和就不得了。所以抗战这时候，文人武将有两个很有趣的组织，下决心抗战的是一派；认为绝对打不过的，叫"低调俱乐部"，也是一派。所以我们这个朋友程沧波，起稿的那篇文告，中间几句名句是根据蒋介石自己的原话，"地不分东西南北，人不分男女老幼"、"牺牲未到最后关头，绝不轻言牺牲"，这几句特别精彩。蒋知道很难打得过日本人，我们武器不及人家，科技、经济不及人家，一切一切都不及人家，国内还在乱，怎么打呢？所以这整篇的文告，叫"焦土抗战"，宁可把一切烧光了，绝不给日本人留东西。

程沧波和杨管北是同学，我们大家都是好朋友。大家客气，他们叫我南老师，我称他沧公！我说："沧公啊！你这篇文章是历史的名文，蒋老头子怎么会叫你写呢？"因为应该是陈布雷来写。于是他就告诉我经过，他说："西安事变以后，那天老头子在庐山请客，就是庐山会议决定抗战的前夕。那天请客很奇怪，请的都是学者文人、社会名流，胡适之也在内。有些原来都是骂蒋的，恨蒋的，因为他们都骂他不肯抗战。刚吃完了饭，蒋老头对学者文人特别客气，这是他的习惯，吃完了饭，他站在门口亲自送客，跟每个客人握个手，说慢慢走，非常有礼貌。"你说他是真的礼贤下士也好，还是假的礼贤下士也好，老实讲，大家还做不到呢，何况他还蛮诚恳的。

差不多送完客人，程沧波说，他跟在胡适之后面，最后出来，胡适之走了，我向他（蒋）行个礼也要走了。蒋老头子叫住我说：沧波啊！你留下来，等一下我给你讲事（他看沧波比较年轻一点，就不叫先生了，对胡适之就叫先生）。

沧波说他就不好意思走了。等客人全都送完后，蒋老头子回来叫他到房间说："你给我写一篇文章。"他就问："委员长！什么文章？"蒋说："我告诉你，下决心抗战了，你写一篇好的文告。"程沧波一听，就起来向他行个礼说："这个文告是国家大事，大文章，为什么不叫布雷先生写呢？"蒋说："你不知道，偏偏这要紧的时候，布雷生病了。你是中国一支笔，你可以代布雷写啦！"沧公就说："既然是这样，我就写吧。"蒋说："你现在不要写，我给你开好旅馆，你到旅馆去写，明天早晨五六点就要交卷。"

他一听知道了，这个担子很重，他就问："委员长！你有什么重要的话要吩咐？""你文章一定要把我这个意思表达，焦土抗战，一切房屋、土地烧光，都不留给敌人。地不分东西南北，人不分男女老幼，牺牲不到最后关头，绝不轻言牺牲。以这个宗旨你写一篇大文章。"所以程沧波就写了。他又说："文章还没有写完，夫人宋美龄就派钱大钧来，要拿稿子去看，我不答应，和钱吵起来了。"这篇文告现在留在台北蒋中正的纪念馆，是程沧波的手笔。他好像做过中央宣传部的副部长，西安事变时，担任《中央日报》的主笔，做总编辑很多年。他是留英的，江苏人。中间讲了很多事情，这也是历史故事之一。

中日和谈的故事

刚才讲到杨麟的父亲。抗战中间，有一个现实问题，就是留一个谈和的代表，要他永远住在上海，沦陷的时候仍住在那里，他叫蒋伯诚。这位蒋伯诚好像是老牌留日学生，他就很高明了，他是高级的特务，不属于戴雨农管，蒋老头子跟他都是平辈的关系。那么后来日本人（对战事）也吃不消了，虽然有南京汪精卫的伪政权，但是晓得中国真正力量是在蒋介石这边，所以日本人向蒋伯诚提出来要谈和。谈和很难谈拢，在重庆方面，当然要求日方全部撤退，日本人觉得把自己已经侵略来的土地全部交还，当然不干，但是打又打不下去，日本国内已民穷财尽了。后来重庆方面委托蒋伯诚跟日本谈："现在我们军队衣服不够穿，天冷冻死了，谈和不谈和是第二步，我们中国纺织界留在上海的布，你们日本人真心表示有诚意谈和，先把中国人留在上海的布还给我们，以表示你们有谈和的诚意，然后我们再谈。"其实，这个时候日本人有一点强弩之末，他们答应了。答应的这个信，蒋老头当然交下来给戴雨农这般人商量，叫谁去接这些布呢？找到上海杜月笙，当然是地头的关系。杜说这个可以，但这件事我也没办法，工商界比较有名，而且有勇气、有胆识、很忠诚的，只有找杨管北去。所以一度杨管北担负了这个使命，到老河口接收这一批布，也是很危险的。

老河口是中国跟日本在安徽河南这一带交战的区域,所以杨管老就到界首。杨麟爷爷送他也是到界首(这一段我忘记了,杨麟最清楚,自己补充)。

那么杨管老告诉我的是他接收这一批布,一路的辛苦,他怎么化装成商人,跟上海那边派来的接上头,才运这批布过来。先运到西安,那时陕西省主席是蒋鼎文,也是后来兼战区司令。他说一路很辛苦,等西安这布都上了火车向重庆运以后,杨管老想在西安休息一下,洗个澡,结果蒋鼎文就派人来找杨管北了,就说你快走,赶快跟火车走,战事又起来了。所以杨管老告诉我说,一上火车枪就响了,中日两方面又打起来了。大概是小的接触,常常是这样一个战争的状态。

抗战前全民备战

现在要补充的是抗战前后,其实在卢沟桥事变以前,大概民国二十四、五年之间,全国还没有推行征兵制时,蒋很可怜,被人家骂,说他愿意当亡国奴,所以他自己也很痛苦,也晓得打不过日本,只能作准备。所以那个时候想先实行全民军训,各省到了暑假,学生好像都集中在南方几个大专学校训练。那个时候没有几个大学,各省都有一些高中以上的专校,每个县都开始了,作军事训练,准备打仗。所以浙江这个时候,全省的大专学生要集训。本人我那时很年轻,还只十八九岁,也担任过这个集训的教官,那时因年纪还轻,我还故意胡子不刮,留着显老气一点。实际上由这些举动,知道当年是很紧张的,全民准备,政府也在准备,仗是一定要打。

现在回想起来，抗战八年回来以后，寻访很多这些教官、同学或同事们，几乎很少有见到，也不知道下落，何况这以后就是国共两党的变化，说客气一点，只能讲是自己国内的变化。到台湾，事隔几十年以后，再回去找这些老朋友、老同学，有些是在抗战时候的同事，几乎没有存在的。我很奇怪自己这个命运，甚至我小时候，读过书，住过的地方，经过这两次大的变动，都毁掉了。当然我还另外有些朋友、有些同学还在。

美国 CIA 与戴笠

现在是讲抗战时候的事情。

提到抗战时期的特工人员训练——所谓特工，就是做特别工作，到敌人后方，被日本人占据的地方去打游击，杀汉奸、杀日本人。这些训练，当时主要是戴雨农办的训练班。军事委员下面是特务工作的班子，叫作军统局（军事委员会统计调查局），主任是戴笠（戴雨农，黄埔六期），带领一批黄埔的同学，搜罗社会各界的人士，有学者、文人、流氓、土匪，各种各样的人都有。培训出来一个部队，很厉害的，日本人都很顾忌他的。譬如我们都晓得历史上有名的珍珠港事变，当时中国军统局戴雨农，首先知道。戴雨农得到这个情报，马上报告蒋委员长，蒋先生马上通知美国，当时美国根本就看不起中国的特务，但日本人晓得厉害。美国人听了哈哈大笑，认为不可能，不相信日本敢打美国珍珠港。后来日本真的打了，美国很天真，就对戴雨农佩服得不得了，于是合作办一个中美训练班，这是个特务组织。今天美国 CIA 的特务组织，是受中国戴雨农这方面工作的影响，大家互相参考，CIA 反而发展得非常大。

可是国民党中央另有第二个特务系统，叫作党中央的调查统计局，负责人是陈果夫、陈立夫，所以叫二陈。统计局的主任叫徐恩曾（字可均），江苏人，也是留美的学生。戴跟徐都熟的，跟我也很熟。我的这些人事关系很有趣，戴雨农飞机撞山而死，徐恩曾后来则到台湾，病得很可怜，看到鬼来要他的命，怕得很，白天夜里电灯开着都还看到鬼。当然因为他杀人多一点吧！他太太是立法委员费侠，原是留苏（俄）的，本来反国民党，被徐恩曾抓到，后来变成夫妇。费侠经常派车子叫我去，"南老师帮个忙"，我去了以后，看到徐躺在那里，眼睛瞪得大大的，看到我很高兴，不怕了，把手伸出来，要我抓住他的手。我看他床头放着《圣经》《易经》《金刚经》，什么都有，为了避鬼。我说没有事，我心里想：你这个家伙当时乱抓人、杀人、乱搞。当然，那时是宁可错杀一千，不可放走一个，这都是内战内行的话，可是对汉奸，对敌人，反而抓不到。说到杀人如麻，徐可均这边比戴雨农还厉害一点，结果徐可均后来那么可怜。这个都是补充的资料。

中日孤儿都救助

刚才讲到界首杨麟父亲接应布的地方，这个地方是很重要的。当时中日两边正在打，有个出家人弘伞法师，也是我的好朋友，他是弘一法师的师弟，此人是安徽人，北洋政府时旅长出家的，留个长胡子。另一个名人朱庆澜，曾任广东省的省主席，抗战时已退休。弘伞法师和朱庆澜二人组织了一个红万字会，收养战地孤儿，我晓得收养了很多。弘伞法师以一个出家人的身份，打个红万字会的旗帜，到战地收这些孤儿，不但收中国的孤儿，同时也收日本的孤儿。据我所知，弘伞法师他们收养的孤儿有好多万，现在也应该是六七十岁的人了，听说有一批还回到日本。当然弘伞法师也过去日本了，究竟谁是他收养的战地孤儿，这些历史资料都没有办法知道了。

当时出来参加救国图存的各地的大学生，向大后方走的很多，留在沦陷区与日本抗战的也很多。我在四川八年，家乡在乐清是沦陷区，没有办法通信。我有一个同宗的侄子叫南存珍，我想他在沦陷区曾经过戴雨农的特工训练，参加救亡工作。抗战以后，我回到家乡才晓得，他被日本人抓走了，活活地挖坑埋了。像这个人是我知道的，其他各地凡是抗日，被日本活埋、杀死的，不计其数，有些根本就无法知道了。

西安事变之谜

我前面讲过的，有些青年出来，不想向大后方集中，或参加战地工作的，就跑到西北到延安去了。

那时中条山脉跟太行山一带，是很有名的游击区。当时中条山脉是张国焘所领导的游击部队。张国焘有回忆录，有人说里面有些假话，但大部分是真话。所以他讲西安事变真正主张放蒋的是斯大林。为什么呢？因为斯大林晓得日本有两个作战计划，不是南进就是北进。原来日本国内有一派主张北进，先打苏联，认为中国微不足道，很容易拿下来；另一派是主张南进，先打中国，再打苏联。斯大林很明白，如果日本北进先跟苏联作战，苏联要对抗，就很困难了。因此想办法让日本先打中国，但哪个可以领导抗战呢？斯大林晓得只有蒋能够领导抗战，当时共产党的声望还不够呢！所以西安事变，他要延安要放蒋，要中国先起来抗日，苏联可以坐大、观火，因此有这个插曲。你可以参考张国焘的回忆录。但是这不是我们主要讲的，也不是你们想要的内容，这是顺便讲到。

当时流亡的青年到太行山、中条山的非常多。所以抗战的时候，这些青年出来真的打仗，譬如四川兵参加四川部队出川的也很多，不是大家只向大后方逃跑的。譬如我在四川西南，当然招募的是土匪，参加抗战（我的工作个人经验再讲），中间还收些流亡学生。我的下面，边区政治部下面，有一天，来一二十个男女报到，一看，东北也有，各地都有，都很可怜很憔悴，都是初中、高中以上，有没有大学我没有深问。因为我有事马上要离开，我吩咐下属，这些人要好好安顿，我说这些知识分子，最好把他们转移到军管区，做政治工作。这我都是亲自看到，也亲自经手的事实。

灌县灵岩山的聚会

杨麟本身的经历对这类的逃亡，就有许多的感想。因为我各方面的经历太多，事情太多，一下讲不清楚。我经常笑自己，一辈子对党、政、军，做官，做生意，我是统统买票不进

223

场，自己也没有参与啊，但都有关联。你说进场了吗？不进场。我的个性，不买票，看不清楚里头演什么戏；进场了，怕参与进去戏演不好，一辈子这样。所以我说我很幸运，文官武将，在这几个大时代趋势的变化中，我认识太多的朋友。譬如学术界的逃亡，杨麟只提到西南联大、西北联大，我前面也提到成都就有六七个大学，这些学者文人很有趣的。

譬如说在抗战的时候，我在四川灌县灵岩山（青城山旁边），灵岩寺的住持和尚传西法师，他是欧阳竟无先生的弟子。他一个和尚带两个佣人，好像也有个小和尚。他供养的都是我们这一班学人，所以我们都在一起，不但我的老师袁焕仙先生在那里闭关，当时在那里的还有冯友兰、钱穆、郭本道（燕京大学名教授）、李源澄、谢无量等名学者。郭把全部道藏运到灵岩寺，所以我们这一帮人，有假期就跑到那里去看道藏、佛经。冯友兰一辈子的名著，就是在灵岩寺住了三个月下来写的。我们在山上就笑，冯友兰在这里看了三个月禅宗的书，下去就写《新世训》《新原道》了。同时这一批学人，譬如马一浮先生，也在嘉定乐山乌尤寺办复性书院；欧阳竟无佛学大师，则在江津办支那内学院。还有个人很奇怪，我也见过，就是共产党的创办人陈独秀，他也在江津闲居，当时已很衰老了。后来碰到我一位同乡的将领姚琮（味辛）讲起来，好像陈独秀在浙江讲武堂还做过老师呢！蒋介石考浙江讲武堂没有考取，后来就跑到保定军官学校去了。这些名流的学者们，包括宗教界的章嘉活佛这一批，不只年轻的流亡大迁移到大后方的重庆和成都，其他各色人等也都在四川、西康、重庆一带，所以我说我有最好的机会。

杨府的各路人马

我经常说，一个战乱把全国了不起的人都集中在一起了，很容易见面交往，所以我平常理想中要见的人，都碰上了，后来就到了台湾。当时共产党说，把全国的地痞、流氓、恶霸、劣绅都赶到台湾了。也有人说，把这些民国的菁英分子，都赶到台湾来了，也都碰到了。

这些故事很多，尤其我在台湾很多年，常在杨麟家里讲学。他父亲杨管北请我讲课，当然他们大家都叫我南老师，我对他们从来不自称老师，因为我一辈子不想当老师，一辈子想当一个学人，所以我称杨麟父亲为管老，程沧波为沧公，其他的文武名人将领很多，都在一起。像何应钦、顾祝同、蒋鼎文、钱大钧、贺国光、何竞武，这些人都在管老家里聚会听课，杨麟都认识的。与其说他们是听我讲课，还不如说是朋友大家的聚会。

我经常跟杨麟讲笑话，我说你那个时候年轻不知道，也不参与听。杨麟说听不懂我的口音，这是他逃避之辞，那时他年轻也不想听。我说：杨麟啊！那个时候，在你家里讲课吃饭，下午跟你爸爸讲的是佛经、儒家、道家的，晚上他们讲的就是牌经（打牌）、嫖经，还有怎么打仗的经过，统统乱谈，谈回忆往事，大家也乱听，乱说，都在十点钟后才回家。

后来我觉得蛮不是味道，蒋经国也很怕我，老的少的文武官员，都在你（我）的门下，都叫你南老师。有一次蒋经国就告诉蒋彦士说："你晓得吧！南某人在这里是搞不清的人，他现在变成台湾新的政学系领袖。"政学系是什么？是在清朝末年岑春煊他们搞起的，就是慈禧太后那个将领跟岑春煊领头开始的。后来到民国成立政学系，是国民党的菁英老前辈，好像党中有党、派中有派的另外一个系统。譬如说张群（岳军）这一班人，是知识分子，国民党里头有头脑有权力，比较带一点文气的，都是政学系的人。当时的国民党，一有什么事就跑苏州找政学系的领袖陈调元。后来我一听说，就决定不要再留在台湾了，不想给蒋经国一个心理负担，走吧！本来我不想出国，后来就到美国去。这是一个阶段，后来再转回来到香港。

蒋介石与张学良

还有要补充的，很有趣的一桩事。

刚才讲到张学良，在西安事变以后，跟蒋老头子到南京，蒋就把他关起来。现在有张学良的回忆等，真实性不够，都有些掺杂。我讲个人的观点，蒋先生把张学良关了几十年，是够厚道的，这个事情我相当清楚。因为当时如果照军法审判，非枪毙不可。尤其是军人，部下对长官叛变，扣留长官，没有理由，只有杀头。可是蒋没有这样做，只恨杨虎城挑唆张学良带坏他，所以只把他关起来。

关起来这几十年，看守他的是我的朋友刘乙光（湖南人，黄埔六期的同学）。他由南京开始一直看着他，抗战时住在贵州风景最好的花溪，到台湾住在新竹，也是风景最好的地方，始终有一排宪兵保护，始终有多少男的女的侍应生。

　　刘乙光看守他一辈子，很有意思。看守工作由中校开始，最后升到中将为止。所以我常常笑刘乙光：你真是苏东坡的诗说的"无灾无难到公卿"。陪人家坐牢，又不是牢，是在名山胜水之处读书享福。张学良一个单子要什么就给他买什么，要吃什么给什么。我如有这种命，我愿掉换，正好借此闭关修行啊！

　　甚至，讲到佛学方面，还有一个很有趣的事。抗战胜利了，我还在四川成都没有走，大家都复员回来抢官做，我还在成都打坐，后来到昆明。那时是民国三十六年秋天，刘乙光从台湾写封信给我，航空寄来，叫我替张学良买一套书，当然是国民政府公家出钱。他跟我说，我们师兄弟，你就帮我买一部禅宗的《指月录》，是张学良要的，于是我就在成都文殊院印经处，买一部寄到台湾给他。

　　后来我到台湾，刘乙光来看我，我说："老兄啊，台湾是文化沙漠，什么都没有，佛经没有，四书五经也没有，好版本找不到，只有乱七八糟的日文书。我想印《指月录》，你叫我帮张学良买的那一套还在不在？""还在。"我说："他学禅，跟你学吗？"他说："哎哟！他什么都乱搞，只要有兴趣，他要什么，上面老头子有交代就买什么。先是学明史，我给他请一个老师。这老师我也认识叫周念行，有人一目十行，他是一目二十行，也学明史的，所以专门请他来上课。学史不成又想搞禅宗，所以我托你买。他哪里看得懂？搞搞又不搞，现在搞起基督教来了。"我说："那挺好，我正要这部书，你帮我拿来。"后来刘乙光就把这一套送还给我，我在台湾印的第一本书就是这本《指月录》。

《指月录》与屠宰业

那个时候，我还没有在杨管北家里讲课。我觉得台湾很需要这书，印出后结果也卖不出去，我没有钱，是借钱来印的，还要赔本。后来没有办法，有个学生聂公阳当时是社会处的处长。我说你把我印的《指月录》卖掉。他说哪里卖得掉！我说你想办法，我是背债印行的。结果他就把钱弄来，说老师啊，你去还债吧！书我来处理。

后来文化慢慢推行起来，需要《指月录》了，我就问聂公阳，我说："公阳啊！我当时卖不出去的那个《指月录》，现在流行啦，很需要，你还有的话帮我找来。""哎哟！老师！统统没有了。你当时叫我想办法帮你把书卖掉还账，那书除了我们要看，当时谁看得懂啊？我也没有办法，又不能去敲竹杠，不能公开叫商会买。最后有个屠宰业公会会长，跟我比较要好，我就叫他帮我想想办法。他就把书拿去，把钱拿来，所以老师我才把钱交给你把印书账还了。"

后来我问他书哪里去了，他说包猪肉包完了。我说好，为张学良弄来的佛学禅宗书籍，印出来以后（当然原书我还保留），卖给屠宰公会包猪肉包完了。这也是天下一大奇事，哎呀！所有历史，我看还是用这真实故事做个结束吧！一句话：所有历史的真实故事，都是被屠宰业包猪肉了，猪肉吃完了，连毛都不剩，谁能找到踪影呢！

这中间的种种，像我乱七八糟的一条一条回想，一边讲，一边自己也感觉讲得很混乱。这些内容故事，零零碎碎，亲自接触交往的、见到的、听到的，还很多有趣值得补充的，但要好好坐下来回想才行。大概我讲了也没有用，你们演出来给后代的人看吧！不过，还是包猪肉好，因为说也没有用。

我这一两天回想许多可歌可泣的故事，非常感慨，也很辛苦，至于后来在台湾的三十多年中，那更是不堪回首啊！

（二〇〇三年十一月二十七日，南怀瑾先生补充说明）

附录一：《对日抗战的点点滴滴》前言

二○○三年的十一月廿六日，南公怀瑾先生在香港寓所，接待了一位访客，这位名叫杨麟的客人，少年时代正值对日抗战，他在将届八十高龄之年，忆及抗战的岁月，就想制作一部纪录片，将抗战初期青年学子颠沛流离的艰苦逃亡情况，留传于后世。

这本小书，是南公针对此事的谈话，但内容除了南公个人的所见、所闻、所经历外，颇有一些鲜为人知的人和事。在轻松的回忆言谈中，更不时流露出南式的幽默，令人莞尔。

杨先生后即制成《去大后方》纪录片，于电视台多次播放。今逢抗战胜利七十周年之际，特检出南公谈话纪录印行，一则勿忘国耻及抗战之苦，一则与大家共勉未来，为国为家共同奋斗走向光明。

有关南公二○○四年《去大后方》的谈话亦一并附录于后。

刘雨虹　记

二○一五年夏

附录二:《去大后方》纪录片前言

我们这个国家民族的命运,从甲午战争开始,直到一九三七年七月七日,日本发动卢沟桥事变,正面侵略中国,我们所谓的八年抗日战争开始。我们国家民族在这个时期中,所遭遇史无前例的惨痛牺牲,那是无法用数字可以形容的。

但从历史哲学的演变来看,"祸者福之所倚,福者祸之所伏",所谓八年抗战,恰是为我们国家民族带来几千年空前未有除旧更新的转捩点。从今开始,新中国的隆盛,也正因为这一关键而展开。

而当我们在抗日战争一开始,宣布"地不分东西南北,人不分男女老幼,必须全民奋起,不惜牺牲焦土抗战"的号召,我们全国上下,无论工、农、商、学各阶层的人,并不需要任何命令,都自动自发地抛弃身家财产,涌向大后方,投身国难救亡的工作。所谓奔向后方,就是转投前方,因为抗日战争,是全方位的,去后方,向前方,它的意义跟精神是一致的。

然而这样奋起抗战,涌向后方的人群,每一个人,每一件事,都有一部国破家亡,身世凄凉惨痛的经历。如果综合来写一部全民抗战的实录,保证比写一部几千年来的二十六史还要多出很多倍。可是经过六七十年时间的洗炼,世事浪潮的冲刷，都已化为过去的烟云。而今剩下抗战时期的年少遗民，也都已达八九十岁的垂垂老矣的暮境了。

在二〇〇四年的二三月间，和我有三代交情，七十六岁的少友杨麟，他也正是当时为抗战而走向后方的少年。因为他也曾经身临其境，忆当年，看现在，念苦难，想如今，感慨当时上下同遭国难的人们将随物而化，将来的后生小子，再也无法明白我们国家民族这一段历史的真相。有感于此，始有这一部纪录片的诞生，影片专为保存民族正气、国家精神而作。其中一百多位尚在的遗民故老，讲述了他们当年去大后方的亲身经历，其精神足以启迪后人。

当然啰！我也是当年参与大后方抗战工作的一分子，所以义不容辞，也要表达几句话。

南怀瑾

二〇〇五年一月于上海

以下是《去大后方》纪录片中南怀瑾先生的谈话纪录

问：那也说明抗战时期你一直在怀念父母亲。

南：当然了！到现在还在怀念父母。但我离开几十年了，与父母没有见面。杨先生（杨麟），他做这个事（拍《去大后方》），我给他一个封号，叫作"民族孝子"。民族的大孝子，没人干的，他出来干。

问：你认为把这个历史纪录下来，告诉后来的人，很有必要？

南：哦！这个作用很大。我给杨先生封号是民族孝子，你们诸位是民族后代孝子里的大功臣，这个历史作用真是很大！

一个文化影响一个时代，影响后代不是儒家、道家、佛家，也不是什么哲学家，（而是）小说与戏剧。中华民族能够对日抗战，是靠戏来的，京戏里面，一个忠义之士没有奴性。老百姓是这样的，老百姓晓得，就是说像岳飞一样的，像关公一样的，我们不投降，就是这个话。岳飞什么样子不知道，关公什么样子，他也不知道，看戏看来的是这个精神。打了七八年就是这几部小说在影响。

推翻清廷以后，我们武器一直没有发展，内战就没有断过，武器不行，不是不会打。我们在战场上打败了，不是中国人的精神不行，也不是体能不行，是武器不及人家。人家要打，用坦克车、机关枪打，我们用大刀，木头前面挂的刀在打，而且都是这样上去打的，这样打死日本人很多，用大刀砍的，上去就准备牺牲，很多很多。我还有好几个部下留在我身边，结果派他出去，在四川一下就当了团长，就完了。我就晓得上去就完了，但不能不上去，我还亲自要去的。那些人说，不要了，我们先上你后来，后来我还没有机会去。去了以后，现在再来（这个世界）是小孩了，（对采访人员说）该叫你伯伯了。所以是这样打的！人家来的是坦克车、机关枪（乃至生物武器，在后面，比较少用，准备用的），日本人什么都用得上，而我们上去是大刀，背在背上的大刀，枪（木头前面装了铁尖叫作枪）这些。

当时我冒充总司令，（像）四十几岁。有一次，投奔来了几个人，我问你们哪里来的？报告司令：我们武汉打散后撤退来的。我心里头（痛），真是眼泪在肚子里流，心想，你们不是原来都和我一样吗？不过我幸运叫作司令官，你们流亡那么可怜。我说好吧，好吧！先熬点稀饭给他们吃了再说。就住在一个庙子里，有被子吗？没有被子。抗战这样死了的兵很多，我们没有钱没有穿的。还有些兵出来到了大后方，夜里被狼吃掉的很多。我有个朋友叫刘建华，马占山的参谋长。马占山是东北的，原来是义勇军，刘建华向马占山报告，说：我们的兵又冻死又饿死，还给狼吃了。马占山一听，说："建华！你是我的参谋长！"

刘建华只好立正，心想什么意思啊？

马说："你晓得，现在我们中国人带兵，要有亲手杀了自己儿子的勇气，你有这个精神再来带兵。"

刘建华被他骂得不能答话，马占山一边讲这样一句话，自己眼泪掉出来了。

"我都知道啊！每个人都是人生父母养，同我们一样啊！可是现在我们国家要跟日本人打仗，中央没有钱没有粮，你叫我怎么办呢？"

刘建华听了之后说"是"，走了。他自己也哭了，两个都哭了。没有吃的，没有穿的，还被狼吃了。

所以，打这个仗是很伟大的！打下来，打了胜仗，日本人原准备三个月把中国吃完的，结果一拖拖了八年，这八年拖下来，谈何容易啊！

《去大后方》主题歌词

作词：（清）李玉　　改编：南怀瑾

收拾起大地山河一担装

去后方

历尽了

渺渺途程

漠漠平林

垒垒高山

滚滚大江

似这般寒云惨雾和愁苦

诉不尽国破家亡带怨长

雄城壮

看江山无恙

谁识我一瓢一笠走他乡

胜利在望

热血中华

国运隆昌

东方出版社南怀瑾作品

论语别裁　　　　　　　　　　孔子和他的弟子们

话说中庸　　　　　　　　　　原本大学微言

孟子旁通（上）　　　　　　　孟子旁通（中）

　　梁惠王篇　万章篇　　　　　　公孙丑篇　尽心篇

孟子旁通（下）

　　离娄篇　滕文公篇　告子篇

维摩诘的花雨满天　　　　　　静坐与修道

金刚经说什么　　　　　　　　禅与生命的认知初讲

药师经的济世观　　　　　　　禅宗与道家

圆觉经略说　　　　　　　　　定慧初修

楞严大义今释　　　　　　　　如何修证佛法

楞伽大义今释　　　　　　　　学佛者的基本信念

禅话　　　　　　　　　　　　大圆满禅定休息简说

禅海蠡测　　　　　　　　　　洞山指月

老子他说（初续合集）　　　　我说参同契

庄子諵譁　　　　　　　　　　中国道教发展史略述

列子臆说